LETTRES

SUR

L'ARCHITECTURE,

2̶7̶5̶

V

2205

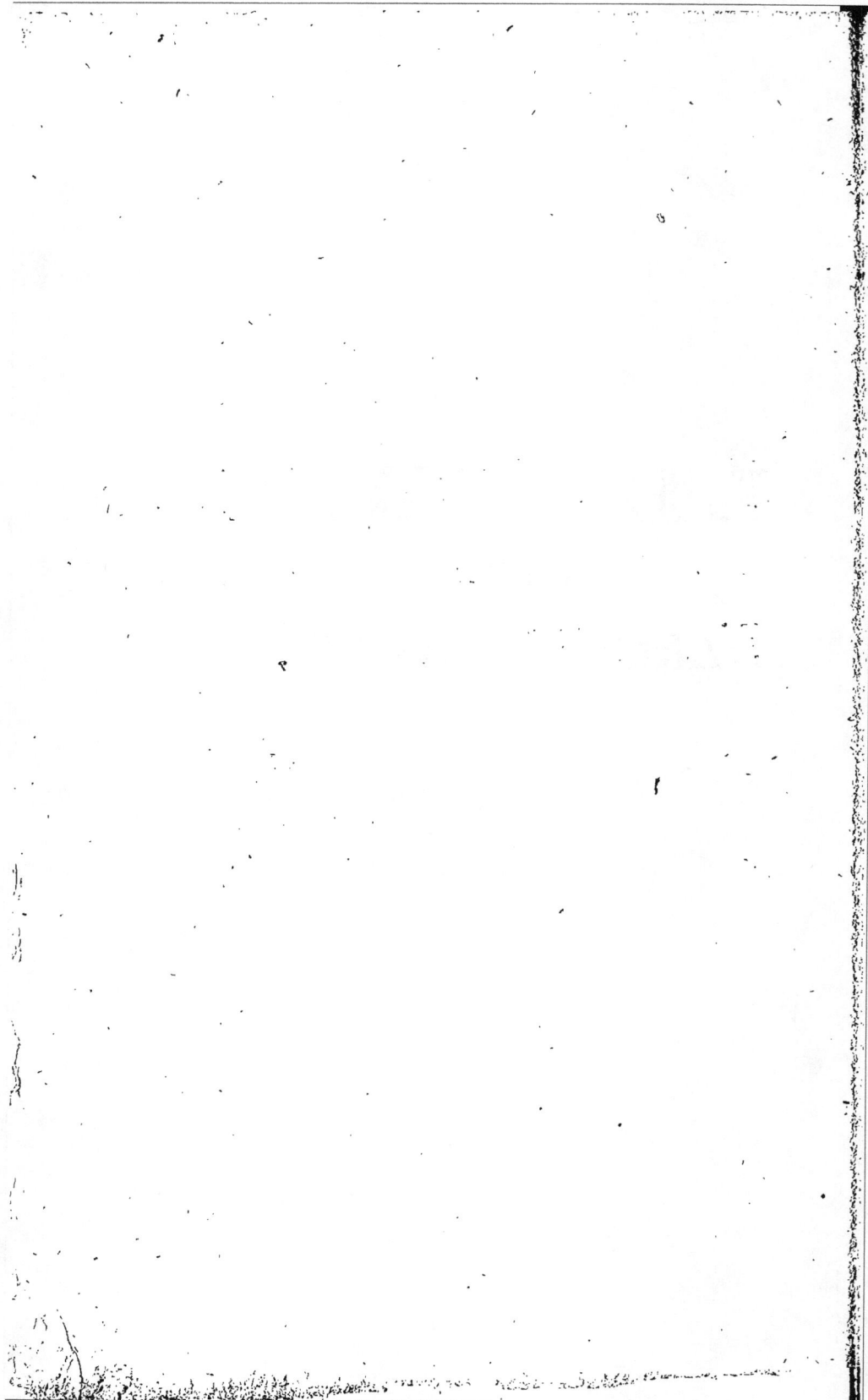

PREMIERE
LETTRE
SUR
L'ARCHITECTURE,
A MONSIEUR
LE COMTE DE WANNESTIN,

Par M. *VIEL DE SAINT-MAUX,*
Architecte & Avocat en Parlement.

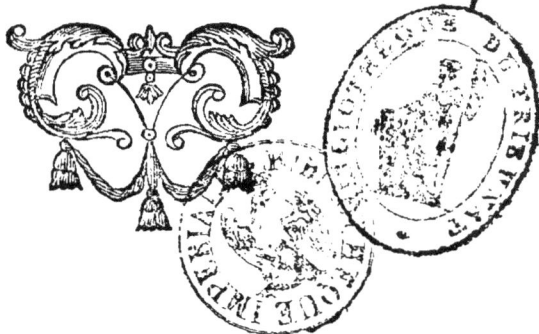

A BRUXELLES,

M. DCC. LXXIX.

LETTRE

SUR

L'ARCHITECTURE,

A MONSIEUR

LE COMTE DE WANNESTIN.

MONSIEUR,

Vous le favez , tout devient intéreſſant dans les Arts, pour ceux qui y ont ſacrifié leurs veilles : ce qui ne ſeroit rien pour un autre, acquiert à leurs yeux le plus grand prix.

Puis-je donc voir fans enthoufiafme, qu'un homme de votre rang, attaché à une des Cours les plus brillantes de l'Europe, ait eu un goût fi vif pour l'Architecture, qu'il n'ait rien négligé pour la gloire de cet Art ? que non content de l'analyfer, il ait entrepris de longs voyages pour s'en inftruire par fes propres yeux, & pour confulter les plus habiles de ceux qui le profeffent : qu'il fe foit mis par-là, en état d'apprécier ces habiles gens, & fur-tout, de découvrir les caufes qui s'oppofent à la perfection de cet Art, les entraves dont il eft environné & qui inveftiffent ceux qui l'exercent, fans même qu'ils s'en doutent.

Il eut été bien à defirer, qu'un pareil exemple eût eu fouvent des imitateurs, mais des imitateurs auffi remplis de lumieres que de zele ; l'Art en auroit été bien plus parfait ; les Architectes y auroient infiniment gagné ; ils auroient eu beaucoup plus de fecours, plus de lumieres, plus de motifs d'encouragemens.

Vous n'auriez pas été vous-même, Mo
fieur , dans le cas de vous plaindre de l'infuffifance des Artiftes que vous avez confultés ,
dans la plupart des Etats Européens , fur les
points les plus effentiels de leur Art ; vous ne les
auriez pas trouvé muets , lorfque vous avez
demandé les motifs de l'idée fublime que les
anciens fe formoient de l'Architecture ; idée telle
que les plus illuftres d'entr'eux fe feroient crus
déshonorés, s'ils en avoient ignoré les principes,
& qu'on regardoit cet Art, comme une des
bafes de la bonne éducation , de toute éducation publique.

Il n'en eft pas ainfi de notre tems ; on ne
confidere plus l'Architecture comme liée avec
ces grands objets ; ceux même de nos Architectes, qui ont la plus haute idée de leur Art, ne
le regardent comme le premier , comme digne
de tous leurs refpects , que parce qu'il apprend à
conftruire des Edifices qui mettent à couvert,
& les hommes , & toutes les productions des
autres Arts.

A iij

C'eſt beaucoup , ſans doute ; mais ces idées n'ont pu ſuffire pour faire de l'Architecture , le premier des Arts : ſans abandonner leur principe , cherchons donc des preuves ; cherchons des motifs plus vrais, plus lumineux, de la primauté de l'Architecture ; établiſſons, qu'en elle ſe trouve l'unité des connoiſſances, qu'elle en eſt le point central. On ne rencontre que des erreurs dans tout ce qui a été avancé juſqu'à préſent ſur ſon origine ; l'ancienneté de ces erreurs , que l'ignorance ſeule a conſervées , ne ſauroit les rendre reſpectables.

Cependant , rien n'offre aux yeux des Savans , un centre commun entre les Sciences & les Arts ; on ſeroit même d'autant plus porté à le regarder comme une chimere , que dans ce ſiecle éclairé , on n'a pu parvenir à ce point, où tout doit ſe rapporter , & d'où la lumiere , par une divergence utile , doit s'étendre & ſe propager.

Moins on fe doute de ce point central, plus il feroit intéreffant, néceffaire même, de remonter aux caufes qui en dérobent la vue. Ces caufes, ayant maintenu parmi nous des reftes dignorance & de barbarie, s'oppofent aux progrès des Arts; elles ne peuvent favorifer que des vues particulieres, au-deffus defquelles doivent s'élever ceux qui aiment véritablement les Sciences, & qui font jaloux de contribuer à l'utilité publique.

Plein de ces idées, & perfuadé que l'Architecture devoit avoir une origine plus vraie, plus noble, plus utile que celle qu'on lui attribuoit, j'ai cherché à la découvrir, & à écarter tout ce qui avoit empêché de parvenir jufqu'à préfent à cette découverte; j'ai voulu pénétrer jufqu'aux motifs qui auroient pu engager les Grecs & les Romains, à couvrir d'un voile les idées primordiales, fur lefquelles s'éleva, dès fon origine, l'Art de l'Architecture.

C'eſt dans les Temples, c'eſt relativement au culte, que l'Architecture ancienne développa toutes ſes richeſſes, qu'elle prit le vol le plus haut : c'eſt donc relativement à ce qu'exigeoit ce culte, qu'on devoit analyſer cet Art ; alors, & alors ſeulement, on ſeroit parvenu à ſon auguſte origine : c'eſt pour ne l'avoir pas fait, qu'on a ſubſtitué à la vérité, des erreurs groſſieres. On a ſuppoſé, par exemple, que ces Temples avoient été deſtinés, ſur-tout, à égorger des victimes ; on en donne pour preuve, les têtes de bœufs dont ils étoient ornés : mais ſi ces Edifices n'étoient que des boucheries ſacrées, pourquoi les ſophites & les voûtes de ces Temples ſont-elles enrichies d'objets aſtronomiques ? Pourquoi offrent-ils, par-tout, des ſymboles relatifs à la ſanté & à la ſubſiſtance des hommes ? Quels rapports ont toutes ces choſes, avec des ſacrifices d'animaux ? Quelle ſeroit la cauſe d'une diſparate auſſi étonnante & auſſi déraiſonnable.

C'eſt ainſi qu'en iſolant toutes choſes, **on** manque néceſſairement la vérité ; qu'on tombe dans les mépriſes les plus groſſières au ſujet des connoiſſances anciennes ; que le génie de l'antiquité ſe dérobe aux recherches & qu'il demeure inconnu. On s'eſt traîné peſamment dans le matériel des Edifices , ſans pouvoir s'élever juſqu'à l'eſprit qui préſidoit à leur conſtruction ; on n'a vu que des dimenſions de palmes ou de pieds dans les ordres d'Architecture ; on n'a apperçu dans les Monumens les plus majeſtueux, que pierre , mortier & décorations arbitraires ; on a cru que leur renommée, les éloges qu'on en faiſoit , n'étoient dûs qu'à tels ou tels rapports de dimenſions ; qu'à plus ou moins d'élévation ou de ſaillie dans les baſes, dans les chapiteaux, ou à l'avantage prétendu d'avoir été conſtruits par tel ou tel Architecte. Ainſi, on étoit toujours enfant, & l'Architecture ne pouvoit être regardée que comme un Art borné, où tout n'étoit que l'effet de quelques convenances, & ſans nul

rapport avec les vérités les plus effentielles &
les plus confolantes.

L'origine qu'on a attribuée aux diverfes
parties des Edifices, eft digne de ces idées
raccourcies : la bafe d'une colonne, a-t-on dit,
repréfente des cordes ; le fuft de la colonne,
dérive du poinçon ou piece de bois qui foutient
la charpente de nos greniers ; le chapiteau,
felon les uns, eft un affemblage de cercles
de fer ou de cordages, dont on lioit l'arbre-
colonne, & felon d'autres, un gros coin
placé de force fur ce prétendu poinçon, &
dans ce fyftême ridicule, la corniche devient
auvent.

Ce qu'on appelle ornement de tout l'ordre,
n'a pas une origine plus diftinguée ; des herbages, difent-ils, naquirent entre les cordes
& les bois qui formoient, foit les bafes, foit
les chapiteaux ; on trouva ces herbages un
merveilleux ornement, & on les imita fur le
marbre, lorfqu'on conftruifit des Edifices plus

durables : n'eſt-ce pas ſe traîner dans la fange, avilir, & ces Edifices, & ceux qui en inventerent les diverſes parties ? n'eſt-ce pas, en quelque façon, dépouiller l'antiquité de tout mérite ? Que ſeroient des hommes, qui ne s'éleveroient à ce qu'il y a de plus diſtingué dans les Arts, que par l'effet du haſard, & ſans tenir aucune route ſûre, ſans principe & ſans vue ? Jamais les Grands hommes de l'antiquité, ne purent ſuivre une route auſſi ténébreuſe ; jamais, s'ils l'euſſent fait, ils n'auroient formé un Corps de ſcience en aucun genre. Telles ſont cependant les conſéquences qui réſultent de mille ou douze cents volumes écrits ſur l'Architecture, & tel eſt l'avis de nos Architectes.

N'oublions pas les moulures ; ſelon les uns, ce ſont des boudins, idée dont un génie comme Rabelais, tireroit grand parti ; d'autres y trouvent l'origine des matelas & des couvertures de lit, roulées avec des courroies, comme pour faire repoſer dans ſes voyages, la colonne

modele ; il en eft, qui voient les bords d'un jupon dans les moulures plates ; tandis que felon d'autres, les ftylobates ou piedeftaux, font des pantoufles, & qu'une portion de la corniche, eft un ratelier de dents ; tandis que d'autres en concluent que l'ordre eft renverfé (1). On croiroit volontiers que c'eft plutôt dans le cerveau de ces prétendus érudits, que tout eft renverfé , ou que ces ridicules explications leur ont été fuggérées par les vapeurs dont parle le Doɛteur Swift.

Nos Architeɛtes n'ont pas été plus heureux dans l'explication des noms. Un livre antique leur a dit, que Dorus étoit l'inventeur de l'ordre Dorique , & ils ont regardé ce livre comme un Oracle , & ce nom de Dorus a été répété dans tous les ouvrages fur cette matiere,

---

(1) Par ce , difent-ils, que ce ratelier de dents repréfente le bout des folives , & que les modillons placés au-deffus, repréfentent le bout des poutres.

fans qu'on ait jamais foupçonné quel étoit ce perfonnage. Ce livre, lui-même, arrêta né-ceffairement les progrès de l'Art ; il femble que fon auteur & les fiecles qui l'adopterent, comptoient fur la ftupidité perpétuelle des hommes.

Dans le même tems où l'on fembloit caref-fer d'une main cette Reine des Arts, en van-tant cet ouvrage, dédié, foi-difant, par Vi-truve, à l'Empereur Augufte, livre fort au-deffous de fa réputation, par fes contradictions & par les *rebus* dont il eft plein ; on lui man-quoit effentiellement, en détruifant la plus grande partie des Monumens de l'antiquité, auxquels il paroît que les Architectes met-toient fort peu d'importance ; ils aimoient mieux s'amufer à chercher des dimenfions gé-nérales pour toutes les parties de leur Art. S'effayant à jeter les ordres d'Architecture dans un même moule, ils tenterent à l'envi les uns des autres, d'écrire fur ces objets, afin de perfuader que des chofes qui ne fe reffemblent

point, & qui ne peuvent se ressembler, devoient
être conformes entr'elles , & conformes aux
mesures qu'ils en donnoient. C'est ainsi, cependant, qu'ils se consoloient de la perte irrépara-
ble des plus beaux Monumens de l'antiquité.
Sous le prétexte qu'ils offroient entr'eux, quelques différences dans leurs dimensions , ils les
voyoient détruire avec tranquillité.

Ce livre de Vitruve , qui ne pouvoit être
utile que dans l'Isle de Robinson , puisqu'on
n'en avoit pas besoin pour appercevoir dans
les Edifices des anciens , le goût qui y régnoit &
les principes qu'on avoit suivi dans leur construction ; ce livre, dis-je , a donc été commenté par
des Ecrivains sans nombre , qui ont tous mis
la plus grande importance à déchiffrer un
ouvrage inintelligible, tandis qu'ils dédaignoient
de consulter la nature , la raison & les Monumens eux-mêmes. Aussi n'en est-il résulté rien
de bon ; l'un en suivant , dit-il , le sens que
l'auteur attache au mot *choria* , fait danser
les pierres ; un autre, enfante des volumes

pour trouver un sens à ces mots, *scamili im-pares*, qui n'en peuvent offrir aucun (1). L'illustre Perrault, après avoir fait une nouvelle traduction de ce livre, & avoir essayé d'en rétablir le texte, est forcé de finir par en appeller l'auteur, un *bon-homme*. Un Marquis Italien, mécontent de Perrault, nous menace d'une autre traduction de cet ouvrage, où il ne manquera pas d'intercaller la marqueterie de son pays. Un de nos Architectes a promis aussi de corriger les fautes de Perrault sur Vitruve : c'est le même qui alla voyager dans la Morée, pour découvrir que les corniches dérivoient des parasols, & qui, pour avoir pris une moyenne proportionnelle, entre un Anglois & un Capucin, au sujet des pyramides, qu'il prétend être des tombeaux, en a acquis les titres de bel esprit & de savant antiquaire.

---

(1) On verra dans le tems, le parti que nous tirerons de ces mots, après en avoir rétabli la vraie leçon.

Ils font tous bien éloignés du vrai point-de-
vue fous lequel l'antiquité la plus refpectable,
envifagea l'ordre d'Architecture : c'eft un chef-
d'œuvre qui honora & qui honore réellement
le genre humain. Sa fublime origine, au grand
étonnement de ceux qui fe prétendent les plus
habiles en ce genre, eft l'Agriculture elle-
même , & le culte qui en fut la fuite : il en
eft le *Poëme parlant* : c'eft dans fon enfemble
que les anciens s'inftruifoient comme dans un
livre , non-feulement de la théogonie primitive , mais encore des combinaifons de leur
cofmogonie ; en un mot , c'eft dans fon complément que venoient fe réunir toutes les connoiffances , & qu'elles fe peignoient par des
allégories ingénieufes , & des emblêmes auxquels on ne pouvoit fe méprendre ; ce n'é-
toient pas fimplement une bafe ou un chapiteau de tant de modules, qu'ils appercevoient
dans cette efpece de Monument , mais autant
d'objets relatifs au génie Agricole , dont la
colonne démontroit à leurs yeux, l'intéreffante
origine ;

origine ; l'entablement retraçoit l'hiftoire des
bienfaits du Ciel , & des heureufes influences
du Soleil , pour la fécondité de la terre ; c'étoit
un effet de la reconnoiffance des hommes , qui
terminoit réellement cet *ex voto* ou conftruction théologique.

Qu'on ne croye point que ce n'eft que dans
la Sculpture des anciens Monumens , que fe
manifefte ce génie ; quelquefois une pierre
brute produit le même effet : l'aire d'un Edi-
fice , fon enfemble & fon élévation , offrent
également les idées qu'on avoit voulu tranfmettre à la poftérité , en les conftruifant.

Dans les Temples anciens , tout prête à
l'analyfe , tout y préfente des fymboles & des
types myftérieux ; par-tout on découvre les
grands attributs de la Divinité. En effet, on
ne chantoit dans ces Temples , que les merveilles de la Création , les miracles perpétuels
de la *fécondance* , les prodiges de la ftatique,
les loix du mouvement , &c. on voyoit même

B

fur les murs de ces Temples , jufqu'à des
cartes géographiques du Monde connu, avec
les époques des révolutions diverfes qu'il avoit
effuyées; on y appercevoit également des leçons
fur la culture des terres ; les divifions annuelles de la marche du Soleil y étoient repréfentées , ou fous la figure d'autant de perfonnages , ou fous la forme des productions de la
contrée ; ces mêmes divifions , le Soleil lui-
même , y étoient toujours confidérés comme
des attributs de la Divinité : ainfi , les peuples devenoient éclairés , laborieux & reçon-
noiffans.

Cette marche , auffi naturelle que fimple ,
& qui démontre que l'Architecture eut néceffairement le rapport le plus étroit avec ces
objets , ne peut , à la premiere vue , que paroître aux Architectes , le comble de l'extra-
vagance , fur - tout fi on ajoute qu'à ces
connoiffances , il faut joindre celle des langues
Orientales , fi on veut parvenir à la véritable
origine de cet Art. Ici , on entaffera objection

fur objection ; plus on fe croira favant, &
plus il fera aifé de les accumuler.

Quoi ! dira-t-on, un fyflême fait à plaifir,
dont on ne trouve de traces nulle part, que rien
n'aura fait foupçonner ! quel Architecte ancien
annonça jamais de pareilles idées ! & lors même
que, dans l'origine, leur Art auroit été relatif
à ces objets, comment n'auroient-ils pas été
totalement perdus de vue chez les Républiques
guerrieres de la Grece & de l'Italie, dont
tous les Monumens confacrés à leurs exploits,
donnerent néceffairement lieu à un nouvel
ordre de chofes incompatibles avec l'ancien ?
Comment, enfin, retrouver cette Architecture primitive, à travers les Edifices, fouvent
peu femblables, de ces peuples, & fondés fur
des dimenfions qui paroiffent n'avoir aucune
analogie avec ce prétendu culte ? Qui pourroit
dire, d'ailleurs, dans quelle partie du monde
fe développa, pour la premiere fois, l'Architecture ? Quel peuple fut l'heureux inventeur
de l'Agriculture, des Arts, du Culte divin,

de tout ce qui dût néceſſairement précéder
cette Architecture Agricole ?

Ainſi, les ténebres réſiſtent à la lumiere ;
ainſi, dans ce combat, on fait armes de tout ;
les viſions les plus chimériques, prennent du
corps, ſemblent acquérir de la réalité : plus
on eſt dénué de preuves, plus on tâche d'é-
blouir par des raiſonnemens ſpécieux.

Mais ces objections ne pourront tenir contre la force des preuves que nous avons raſſem-
blées, & que nous ſommes prêts à développer. Ce ne ſera pas ſans ſurpriſe qu'on verra
que l'Architecture naquît dans des lieux &
dans un tems où les particuliers n'étoient
rien ; où la nation étoit tout ; où, par conſéquent, tous les travaux, toutes les découvertes étoient abſolument relatives à la ſo-
ciété entiere ; où perſonne n'inventoit, ne
travailloit, n'écrivoit ſous ſon propre nom ;
mais où tout étoit exprimé par l'idée générale
de *génie* & *d'invention*, juſte tribut que

payoient les Savans , les Artiftes, à la nation ,
en reconnoiffance de l'éducation publique qu'ils
en avoient reçue, & des fecours abondans qu'ils
y trouvòient pour le fuccès de leurs entreprifes,
plus relatives au bonheur & à l'utilité de tous ,
qu'à l'intérêt perfonnel. Il n'eft donc pas
étonnant que la connoiffance de ce premier
état des anciens peuples, foit entierement per-
due pour nous, qui, nous trouvant dans des circonftances abfolument différentes, admettous
des principes diamétralement contraires (1);
& dont les notions légiflatives font tellement
renverfées, que les Savans, parmi nous, fe
trouvent d'autant plus ifolés , d'autant plus
dénués de fecours & d'encouragement , qu'ils

---

(1) On a perdu tous les ouvrages d'Architecture, dont
fait mention Vitruve, & qui, fans doute, développoient
les idées que nous expofons ici : nous fommes dédomma-
gés de cette perte par les Monumens qui nous reftent ,
& qui s'expliqueront d'eux-mêmes dans la fuite de no-
re cherches.

s'occupent d'objets plus intéreffans pour le public.

Cependant, puifque les Architectes ne travailloient jamais, dans ces premiers tems, en leur nom; il en réfulte néceffairement, que ces prétendus noms d'Architectes, que nous a tranfmis la haute antiquité, font toute autre chofe que ce que nous croyons; qu'il faut retrancher du catalogue des Artiftes, & même des Rois fondateurs, *Chemmis*, *Dorus*, *Satyrus*, *Pithée*, *Briaffis*, *Trophonius*, *Agamede*, *Dédale*, *Deucalion*, *Théfée*, *Callimaque*, *Romulus*, &c. &c. &c. qu'on ne peut pas même regarder *Sémiramis* & *Artémife*, comme des Reines qui aient fait élever des Monumens.

Cette démonftration fera complette, lorfque nous aurons fait voir que tous ces noms font relatifs au Soleil & à la Lune; Protecteurs de l'Agriculture; Roi & Reine des hommes Agricoles; Pere & Mere auxquels la République rapportoit tout , confacroit tout (1).

Rien n'eſt plus amuſant que le délire de quelques Ecrivains , à l'égard de ces noms allégoriques. L'un , diſent-ils , étoit un Roi , qui , pour bâtir une Pyramide , proſtitua ſa fille. Un autre , étoit un voleur, que la terre engloutit, en s'ouvrant ſous ſes pieds. On ne finiroit point , ſi on vouloit relever toutes ces prétendues notions , dont l'enſemble formeroit le code de l'erreur le plus complet , erreur à laquelle on eſt ſi attaché , qu'on prend pour perturbateur du repos public , celui qui veut bien diſſiper ces fauſſes idées ; on aime mieux croire , par exemple , qu'Homere eſt né aveu‑ gle , & qu'il étoit fils d'une courtiſanne , que d'analyſer ſes ouvrages, ou on auroit pu décou‑

---

(1) Nous ſerons diſpenſés de rien prouver à l'égard de Romulus, attendu que M. Court de Gebelin la déjà fait diſparoître du nombre des mortels de la maniere la plus victorieuſe. *Voyez* le Monde primitif, T. vi, p. lxvj.

vrir ce que fignifioit *Homere*, & ce que c'é-
toit que la prétendue guerre de Troye (1).

On aime mieux foutenir qu'un Roi d'Egypte
s'eft àvili, de propos délibéré; pour fubvenir
aux frais de la conftruction d'une Pyramide,
que de penfer que le Soleil, qui préfide à
toute conftruction, a prodigué la récolte, qui eft
cenfée fa fille, afin de fubftanter un nombre confidérable d'ouvriers. Quoique cette explication
foit parfaitement conforme au génie allégori-
que des anciens, à ce ftyle fymbolique, qui leur
faifoit peindre les idées les plus intéreffan-
tes, avec des traits qui paroiffoient relatifs à
des combats, à des haines ou à des amours
déplacés.

---

(1) Il femble qu'on fe foit donné le mot, pour ne
s'occuper, dans les anciens Auteurs, que de l'Harmonie
élocutive, fans analyfer le fens renfermé dans leurs ex-
preffions; on a, du moins, religieufement pratiqué cet
ufage abfurde, jufqu'à ce jour, à l'égard de l'Odyffée, de
l'Iliade, de l'Enéïde, &c. &c.

Ce n'eſt pas dans les bornes étroites d'une Lettre , que je pourrois développer le ſyſtême qui réſulte , pour l'Architecture , de cette nouvelle maniere de voir l'antiquité ; mais j'oſe me flatter , Monſieur , que les Mémoires détaillés , que j'ai adreſſés à ſon ALTESSE ROYALE , ſur ce qui concerne le génie de l'antiquité , vous paroîtront dignes d'attention , & qu'ils offriront un vaſte champ à vos réflexions , ſi vous prenez la peine de les conſulter ; vous vous aſſurerez qu'il eſt impoſſible que les Grecs & les Romains aient pu conſidérer l'Architecture , ſous d'autres rapports ; les Arts leur parvinrent en même-tems que le Culte : l'Agriculture qui les avoit fait naître , les avoit rendus inſéparables , & ce Culte comprenoit tous les Edifices , puiſque l'unité étoit le ſyſtême des peuples Agricoles. Vous trouverez auſſi dans ces Mémoires , que les modulations ou les différens modes des Grecs & des Romains , ſur l'ordre d'Architecture , ne furent que des allégories ajoutées aux anciennes , mais toujours élevées fur le même principe, qui, tout fécond qu'il eft, permet à peine de concevoir que l'antiquité en ait pu imaginer une fi prodigieufe quantité fur ce feul objet ; mais, ce qui ajoute à la furprife, c'eft de les voir fe développer également parmi les nations Indiennes, & s'y modifier fous autant de formes différentes, & dans des féries prefque infinies.

Les Grecs & les Romains, eux-mêmes, ne purent que conferver les idées des anciens peuples ; s'ils les préfenterent fous de nouvelles modifications, le fonds en refta toujours le même, & il l'eft encore à beaucoup d'égards, quoiqu'il foit moins aifé à faifir (1).

Au refte, fi je vous faifois l'hiftoire du Trigliphe, qu'on nous a dit mal-adroitement

(1) On pourroit affurer que quelques-uns des déguife-mens, fur-tout ce qui nous préfente le génie de l'antiquité, font plus modernes qu'on ne penfe.

ſignifier le bout des poutres, dans l'ordre Dorique, vous jugeriez ſous combien de formes
les anciens ont préſenté le ſymbole le plus
ſimple, & qu'il eſt impoſſible de le méconnoî-
tre, malgré toutes ſes transformations. L'hiſtoire de la colonne vous étonneroit bien davantage. Les modernes n'ont aucune idée de
ſes immenſes variations, quoique ce ſoit l'objet qu'ils duſſent le plus approfondir, pour
apprécier le génie de l'antiquité ; les cannelures de cette même colonne, dont nos Architectes n'ont pu comprendre l'étymologie, vous
paroîtroient également piquantes & ingénieuſes ; en un mot, vous verriez combien, mal-
à-propos, ils ont appellé ordre, la colonne
& ſon complément, & d'où a pu venir
cette dénomination. Ces développemens ſont,
ſans contredit, l'article le plus attrayant des
Mémoires, relatifs à ces objets ; ils vous con-
vaincront des motifs divers, qui engageoient
les anciens à connoître, aimer & conſidérer
l'Architecture.

La Lettre, Monfieur, que vous m'avez fait l'honneur de m'écrire, par laquelle vous me demandiez ces éclaircissemens, renferme aussi beaucoup d'autres questions; mais elles ne concernent que l'art de bâtir parmi nous; je vous prie d'être persuadé de mon empressement à y répondre. C'est une correspondance trop flatteuse, pour que je la néglige; mais, permettez, je vous supplie, que j'en renvoye la discussion à un autre tems.

Je suis avec respect, &c.

F I N.

SECONDE
LETTRE
SUR
L'ARCHITECTURE,
A MONSEIGNEUR
LE DUC DE LUXEMBOURG,
Pair de France, Maréchal des Camps & Armées
du Roi , &c. &c.

PAR M. VIEL DE SAINT-MAUX,
Architecte & Avocat en Parlement.

A BRUXELLES,

M. DCC. LXXX.

SECONDE
LETTRE
SUR
L'ARCHITECTURE;
A MONSEIGNEUR
LE DUC DE LUXEMBOURG.

MONSEIGNEUR,

C'EST moins au defcendant d'une des plus illuftres Maifons de l'Europe, qu'à l'Amateur & au Juge éclairé des Beaux-Arts, que j'adreffe ces nouvelles Obfervations fur l'Architecture.

A iij

Vous connoiffez, MONSEIGNEUR, toute l'importance de cet Art, puifque vous avez parcouru l'Italie entière, pour voir & admirer par vous-même, les débris des merveilles qu'il a produites dans les tems anciens, & celles qu'il a élevées de nos jours : vous ne ferez donc point étonné de l'enthoufiafme avec lequel je vais parler de cet Art fameux.

J'ai déjà démontré que pour trouver l'origine de l'Architecture, on n'avoit confulté que la barbarie, & que l'intérêt particulier, & la ftupidité avoient préfidé à l'analyfe de cette reine des Arts (1). En effet, l'erreur, qui femble un aliment néceffaire aux modernes, autant qu'avantageux au commerce de l'Imprimerie, a maintenu cet Art dans un état de démence fi accrédité, que les efforts qu'on eût fait pour l'en tirer, euffent paru criminels à tous les yeux.

---

(1) Voyez la Lettre fur l'Architecture, à M. le Comte de Wanneftin.

Perſonne n'a daigné conſidérer les monuments de l'antiquité, que pour y chercher des dimenſions ; perſonne n'a lu les écrits des Anciens, que pour en admirer l'harmonie élocutive. Tout ce qui a été donné par eux comme ſymbolique, a été nommé *fable*, ſans qu'on ait pris la peine d'analyſer ce mot, ſans qu'en ait vu qu'il n'étoit employé par-tout, que comme l'ennemi des apperçus ſur le génie des Anciens.

On croit fermement que l'antiquité ne s'eſt amuſée qu'à des chimeres, à la vénération des animaux, à faire des poupées & des ſimulacres repréſentant des Héros ; on croit que les anciens n'ont élevé des monuments que pour la gloire de ſurcharger la ſurface de la terre, & que pour élever un nombre de pierres les unes ſur les autres. Les types myſtérieux, les emblêmes parlants de la Divinité, les attributs de ſa puiſſance empreints ſur tous leurs monuments, la Terre, mere nourriciere des humains, ſans ceſſe repréſentée ſous des formes ingénieuſes, exprimant tous les rapports qui la fécondent ; ces différents objets ont échappé aux recherches des modernes : tout a été confidéré comme ornements arbitraires.

DES Ecrivains qui , fans doute , auroient perdu de leur confiftance , fi l'antiquité eût été connue , ont dit que les Temples anciens n'avoient été élevés que pour l'idolâtrie , ou pour des hommes déïfiés , & on les a crus. De-là cette indifférence pour tous les objets repréfentatifs de ces Temples. Si , au contraire, on eût dit au vulgaire , que jamais l'antiquité n'a déïfié de mortels , que les noms fymboliques dont elle a fait ufage pour diftinguer les planétes , les éléments, les faifons & les mois, portoient leur fignification dans la langue du pays (1) ; qu'en un mot , c'étoit autant d'allégories relatives à l'art de cultiver la terre ; on auroit cherché , on auroit trouvé dans leurs

_____

(1) Les mois, ainfi que Pluche en convient, caractérifoient par leurs noms, ce qui fe paffe fur la terre.

Temples & dans leurs monuments, les traces emblématiques de l'Agriculture.

« Vouloir rendre modernes les fiecles an-
» ciens, tranfporter dans les fiecles reculés
» les idées du fiecle où l'on vit, c'eft, dit
» Montefquieu, des fources de l'erreur, celle
» qui eft la plus féconde ». En effet, fi l'on
eût réfléchi, on eût vu que chez les Anciens
tout étoit fymbolique, que leur poéfie, leur
culte, leurs fêtes, leurs danfes, leurs meubles, leurs vafes, leurs outils, que tout enfin,
depuis les gâteaux qu'ils offroient en facrifice,
jufqu'aux palets avec lefquels jouoient les enfants, participoit aux allégories fur l'Agriculture ; que leur monnoie, leurs poids, leurs
inftruments de mufique, leurs bagues, leurs
joyaux, la décoration même de leurs maifons,
exprimoient par des emblêmes ingénieux, le
labourage & la fécondité. Si rien n'étoit exempt
de ces repréfentations, comment les monuments de l'Architecture, dont les Anciens étoient

ſans ceſſe occupés, n'y euſſent-ils point parti-
cipé ?

*L'analyſe de l'Architecture des Anciens eſt
plus utile qu'on ne penſe* ; telle eſt la queſtion
que je me propoſe de diſcuter un jour : c'eſt la
plus piquante qui ait été agitée depuis l'antiquité, celle dont la ſolution répandra le plus
de lumières ſur l'origine des Sciences & des
Arts ; qui nous éclairera ſur l'âge du monde,
& ſur celui des monuments ; qui, non-ſeulement nous retracera la marche de l'eſprit humain, mais nous développera les connoiſſances
des Anciens, qui étoient perdues pour nous. Les
monuments deviendront un Livre dont on ne
ſe doutoit nullement ; leur langage ſera une
ſource féconde d'inſtruction & d'agrément ;
ils nous feront connoître juſqu'aux remédes
les plus utiles à l'humanité, puiſque les plantes
ſalutaires entouroient les Temples, ou y étoient
retracées.

Il eſt moins difficile qu'on ne croiroit

Monſeigneur, de connoître la forme des premiers Temples : les Ecrivains de l'Antiquité ont répandu une grande lumière ſur cet objet. Varon, entr'autres, définit le mot Temple à ne pas s'y méprendre ; c'étoit un lieu ſacré, mais ouvert, deſtiné à contempler le Ciel (1).

Des pierres ſeules, élevées à quelque diſtance les unes des autres, & dont le nombre égaloit celui des planétes, des mois de l'année, ou enfin des jours du mois, compoſoient ce lieu ſacré, qui étoit le point de réunion des familles & des ſociétés voiſines. Ces Oratoires ſymboliques étoient autant d'Autels votifs ſur leſquels on expoſoit les

---

(1) *Cælum quo tuimur, dictum Templum.* Varon. Lib. VI. Les expreſſions *Templum Ætheris, Ætherea Templa*, ſont très-fréquentes chez les anciens Ecrivains. L'uſage de ces Temples découverts, ſe pratique encore chez les Sauvages de l'Amérique, ceux des iſles de Bornéo, & les Habitants des terres Auſtrales.

offrandes , & fur lefquels on brûlóit des plantes aromatiques en l'honneur de la Divinité & de l'Aftre du monde, qui , par fes révolutions , préfide aux faifons , forme les mois , les jours , & vivifie la terre. Sanchoniaton , Strabon , Paufanias , Arnobe , Maxime de Tyr , Ovide , Plutarque , & l'Ecriture-Sainte , citent des exemples de ces monuments. Un Eccléfiaftique de nos jours, qui a écrit fur l'Antiquité , dit que non-feulement ils furent fréquents , mais que l'ufage paroît en avoir été univerfellement reçu chez les Peuples divers , quoiqu'éloignés les uns des autres.

On peut confidérer ces mêmes pierres comme les meres des Sciences & des Arts; ce font elles qui portèrent les premiers Hiéroglyphes ou fignes repréfentatifs, fignes à qui nous devons l'origine de la Peinture & du langage ; ce font ces mêmes pierres, ou Autels votifs, que l'on vit s'embellir & repréfenter par quelques marques caractériftiques , les mois , les faifons

& les éléments ; ce font elles qui , par des
fymboles , exprimoient la marche du Soleil ;
ce font enfin ces mêmes pierres , taillées en
colomnes myftérieufes , fi vantées dans l'Antiquité , qui , par la fuite , fervirent comme
de fupports & fuggérèrent l'idée des Temples
d'une nouvelle ftructure.

Quelques Architectes imagineront peut-être
qu'il faut de grands efforts pour établir , par des
preuves non équivoques , ce que nous venons
d'avancer ; fâchés fans doute que nous leur
citions des Temples fans mortier & fans dimenfion de module ; fâchés que nous leur
parlions de colomnes qui ne dérivent point
de *columen* , ou de la charpente de nos greniers ; fâchés enfin que nous annoncions
des monuments fymboliques , & le Poëme
parlant de l'Agriculture , dans ce qu'ils ap_
pellent *Ordre d'Architecture* (1) ; ils nous

_____

(1) Lettre au Comte de Wanneflin, pag. 16.

croiront fort embarrassés pour justifier nos assertions. Mais commençons par leur observer que la colomne n'eut jamais d'autre origine que les simulacres ou types agricoles.

En effet , l'Antiquité la plus reculée , nous disent les Historiens , ne représenta la Divinité & ses attributs que par des pierres non taillées , c'est-à-dire , privées de Sculpture : une forme de colomne suffisoit , à l'aide de quelques hiéroglyphes , pour exprimer les bienfaits du Créateur , bienfaits qu'ils désignoient par tout ce qui contribue à la fécondité de la terre. Une pierre pyramidale étoit l'emblême de la flamme divine , ainsi que l'observe Porphyre ; & une pierre noire , nous dit-il , exprimoit encore de son tems que la Nature & la Divinité ne tomboient pas sous le sens de la vue (1).

_____

(1) Plutarque , Strabon , Pausanias , Hérodote , Platon, Diodore , Cicéron , Macrobe , &c. &c. justifient l'antiquité à cet égard. S. Clément d'Alexandrie , Apulée,

Le fameux Jupiter Caffius ne fut d'abord repréfenté que par une pierre arrondie, ou de forme pyramidale, ainfi qu'on le voit fur les Médailles : l'ancien fimulacre de Memnon, fuivant Philoftrate, ainfi que celui de Minerve (comme on le voit dans Homère), n'eurent dans leur origine qu'une forme de colomne : la Vénus de Paphos, au rapport de Tacite ; Jupiter Milichius, la Diane de Patroa, les Grâces, ainfi que la Diane d'Ephèfe, n'eurent d'abord, dit Paufanias, aucune reffemblance avec l'efpece humaine. La Diane luné des Troéfoniens, le Difar des Arabes, l'Irminful des Saxons, n'étoient que des pierres cylindriques d'environ fix pieds de haut : le fimulacre de Cybelle, porté de Phrygie à Rome ; la Veftale des anciens Romains, la Divinité du Temple d'Emèfe & de

---

Palade & S. Ambroife, rendent le même témoignage, en difant que les anciens n'adoroient qu'un Dieu fuprême, & que toutes les pierres ou fimulacres n'étoient que des fymboles.

B

Palmire, qu'Hérodien appelle les Dieux ronds ; le simulacre du Soleil chez les Orchoniens , les Divinités du Mont–Liban , toutes ces figures qui formoient un Panthéon rustique , & celles qu'on voyoit entre Biblios & Helliopolis , n'étoient autre chose que des pierres de même forme , pierres qui étoient filles de l'Agriculture , ainsi que celles d'Isis & d'Osiris , qu'on voyoit à Nisa en Arabie , au rapport de Diodore.

Ce n'est que par gradation que ces pierres mystérieuses offrirent une représentation plus distincte. Par respect pour la Divinité , les premiers Légiflateurs s'abstinrent de leur donner aucune forme humaine : Numa Pompilius même fit défendre la représentation des Dieux sous la forme corporelle. La tête d'un animal utile au labourage , ou l'une des marques symboliques du Globe céleste , étoient les seuls objets qui terminoient ces colomnes. Diverses séries leur firent exprimer par la suite les rapports du Culte & de la Théo-

gonie ; elles furent les Interprètes des Loix
& l'image du Càlendrier : fous différentes formes, elles couvrirent le Globe , & confervè-
rent des marques non équivoques de leur origine.

On vit enfuite de ces colomnes avec des
pieds & des petites mains poftiches , fupporter des édifices (1) ; on en vit fous l'emblême des douze mois de l'année former des
Temples dédiés au Soleil (chez les Grecs &
les Egyptiens). La voûte de ces Temples étoit
étoilée, ou repréfentoit les révolutions du firmament ; la plate - bande qui couronnoit ces
colomnes fe nommoit *Zophore* , qui fignifie
Zodiaque ; l'un des fignes céleftes répondoit

---

(1) On fondoit , dit le Comte de Caylus , des colomnes , des pyramides, ou, enfin , des corps fimples, auxquels on ajoutoit ou une tête ou des mains & des pieds ;
cet affemblage portoit le nom de *Statue*. Tom. I,
pag, 115.

fur chacune de ces douze colomnes, pour exprimer leur analogie avec les mois.

C'eft fur ce *Zophore* qu'il a plu à nos Artiftes de nommer frife, architrave, &c. que la
lyre d'Apollon, fymbole de l'Agriculture &
des Chants Poétiques qu'elle avoit infpirés,
prit la place de l'un des fignes du Zodiaque
(1). Cette lyre fut remplacée, fur d'autres
édifices, par la projection des fameux trépieds,

---

(1) La tête d'un Bœuf défignoit parmi les Anciens,
l'Agriculture & même la force des Empires ; de-là vint
l'ufage de former les Lyres par le crâne, & les deux cornes de cet animal. Les cordes, qui n'étoient qu'au nombre
de trois dans la Lyre de *Thaut*, avoient rapport aux trois
Saifons orientales ; elles exprimoient l'analogie qui fe
trouvoit alors entre l'Agriculture & la Poéfie, qui ne
chantoit que les travaux des champs pour chaque Saifon,
& la reconnoiffance des hommes pour le fruit qu'ils reti-
roient de ces mêmes travaux. On ajouta à la Lyre, une qua-
trieme corde, lorfque les Grecs diviferent l'année en quatre
Saifons, & cette même corde occafionna une réclamation de
la part de l'un de leurs Philofophes, qui prévoyoit de-là, les

ſymbole des trois Saiſons de l'année chez les peuples Orientaux (1). Nos Artiſtes ont appellé ce trépied , un Trigliphe ; ils ont prétendu même qu'il ſigniſoit le bout des poutres de la cabane , qui , ſelon eux , a ſuggéré l'idée de ce qu'on appelle *Ordre d'Achitecture* : quoi qu'il en ſoit , l'intervalle de ces mêmes trépieds déſignoit l'année & leur nombre , exprimoit des périodes ou des cycles , ſelon les images qui y étoient retracées : tout annonçoit l'âge du monument , tout exprimoit que l'édifice étoit ſymbolique : comment ne l'eut-il pas été par-

changements que les Hyérophantes feroient dans la Liturgie , ce qui ne manqua pas d'arriver. Pline fixe entre la 81 & la 83.me Olympiade , la révolution des Arts parmi les Grecs, & qui , vraiſemblablement , fut la ſuite de ces innovations.

(1) C'eſt également de ces trépieds , ſi vantés dans l'antiquité , & qui répondoient aux trois cordes de la Lyre de Thaut, que les Grecs prirent les trois modes de leur muſique , appellés Phrygien , Dorien & Lydien , & qui exprimoient le grave , le moyen & l'aigu.

mi des Peuples qui dédioient leurs Temples aux Mois, aux Saisons, au Soleil & à la Nature, qui donnoient à leurs Villes, ou à leurs contrées des noms relatifs aux productions de la terre, dont le nombre des tribus, des familles, & iusqu'à celui des rues répondoit aux périodes du Soleil dans le cours de l'année, & dont enfin les Fêtes étoient toujours relatives aux Saisons & aux productions de chaque Saison?

Le Temple de Bélus, symbolique dans son ensemble, & dans toutes ses Parties, étoit-il indigne d'être analysé par les Architectes ou par les Antiquaires? Les Cirques, emblême de l'Univers & de ses révolutions, la forme circulaire des Temples dédiés à l'Astre du jour, le nombre de degrés qui conduisoient à ces Temples, relatif à celui des Planetes, le nombre des colonnes toujours relatif à celui des jours, des saisons, ou des mois, dans presque tous les monumens Orientaux & Asiatiques, tous ces objets étoient-ils faits

pour être dédaignés ? Ces colomnes , pleines,
de mammelles, pour exprimer la *fécondité* (1) ;
celles sur lesquelles la Peinture avoit représenté l'Agriculture & la Cosmogonie de ces
tems ; ces colomnes de verre , où les productions de la Terre étoient en forme de
transparent ; ces petits Temples ou Autels
en forme de trépied , où la Théogonie agricole étoit empreint d'une manière irrévoca-
ble (2) ; tous ces objets , dis-je , étoient né-
cessairement dignes de piquer la curiosité de
nos Artistes modernes (3).

---

(1) On trouve encore des débris de ces colomnes:
Pokoque , qui n'entendoit rien au génie des Anciens ,
appelle ces mammelles , des membres convexes.

(2) Voyez ces petits Temples, dans les Antiquités du
Comte de Caylus , tom. II , planches 53 & 54. L'original
d'un de ces petits Temples , en marbre blanc , est à
Rome , au Palais Chigi.

(3) On auroit peut-être découvert, si l'esprit d'analyse
eût gagné nos Artistes, quelle a pu être la forme du

Ne croyez pas, Monſeigneur , qu'on manque
de preuves & de monuments exiſtants , pour
démontrer clairement que *l'ordre d'Archi-*
ſeǎure dérive de ces pierres ſymboliques (1);
ſous quelque forme que ces pierres ayent pu
paroître ſur le Globe , nous les verrons employées comme ſupports des édifices. Si l'on
nous demandoit pourquoi ces premieres co-

---

labyrinthe des Egyptiens , que les Grecs imitèrent. **Les**
Anciens ne vouloient faire égarer aucun mortel dans leurs
édifices ; ils prenoient un ſoin particulier pour que leurs
allégories parvinſſent à la poſtérité. Sanchoniaton aſſure que
ſi elle les connoiſſoit , elle en ſeroit ſurpriſe. Le mot
Labyrinthe , ſignifie Palais du Soleil ; on l'avoit conſtruit ,
dit Hérodote , pour les douze Rois de l'Egypte , c'eſt-
à-dire , pour les douze mois de l'année. Le plan de ce
monument avoit peut-être quelque rapport à la projection
des aſtres , contenue dans quelque époque jubilaire.

(1) Les Anciens ne confondoient pas , comme nous ;
l'Architecture ſacrée avec l'art de conſtruire des habitations particulieres ; celui-ci n'avoit nul rapport avec l'Architecture des Temples & des Monuments.

lomnes quittèrent leurs pieds & leurs mains
poftiches, nous demanderions à notre tour,
pourquoi on les y avoit ajoutées, attendu que
la pierre cylindrique feule avoit auparavant
repréfenté un fimulacre, ou une Divinité agricole ? nous obferverions, d'après Paufanias, qu'on
adoffoit des figures contre les colomnes, dans
la crainte, vraifemblablement, qu'on ne perdît
de vue leur rapport ; nous démontrerions que
dans le même Temple, tandis que nombre de
colomnes étoient fimples & unies, les autres,
fous la forme de bétilles, de hermès, de canéphores, &c. marquoient leur analogie &
leur même principe, & conftituoient la forme
emblématique du Temple.

Si les Critiques nous parloient de ces caria-
tides, images de certains Efclaves, à qui on
faifoit porter des fardeaux, & qu'on repréfenta fupportant le faîte des édifices, nous leur
dirions qu'ils n'ont jamais compris les allégories des Anciens ; nous les renverrions à ce

Temple dont parle encore Paufanias, où Vénus, fymbole de l'Abondance, étoit enchaînée
(1), pour marquer que l'Agriculture, fource
du falut Phyfique, & de la profpérité des Nations, fait la force des Empires (2).

Une lueur de vérité s'eft tranfmife néanmoins depuis l'Antiquité jufqu'à nos Artiftes ;
mais lueur qui a toujours refté dans fes
crépufcules : ils ont foupçonné, d'après
Vitruve, que les canelures de la cólomne
fignifioient des plis de vêtemens : que des
portions du chapiteau exprimoient des touf-
ſes.

(1) Paufanias Laconie, pag. 287.

(2) On ne mangeoit en Etrurie, certains jours de
Fète, que des mets cuits au Soleil, en mémoire des
tems malheureux qui précéderent l'Agriculture. Cet ufage
a été commun à prefque tous les Peuples, & fe pratique
encore dans le Japon & chez plufieurs autres nations
Afiatiques, où le culte Agricole n'eft pas beaucoup
altéré.

fes de cheveux ; que la colomne avoit été mo-
dulée fur le corps humain , & que le renfle-
ment qu'elle a vers le milieu , repréfentoit le
ventre ou l'eftomac. On croiroit , d'après ces
rapports , que nos Architectes auroient imaginé quelque chofe de myftérieux dans *l'Ordre
d'Architecture* , mais l'on fe tromperoit ; car
n'ayant dans la tête que des mefures de palmes ou de pieds , ils ont cru que les Anciens,
pour embellir les piliers d'une cabane , auroient
pu prendre modéle fur le corps de l'homme ,
fans autre forme de procès.

Un intérêt plus ou moins particulier a néanmoins déterminé plufieurs Ecrivains à béati-
fier , pour ainfi dire , l'origine de la colomne :
Villalpande dit , que le Saint-Efprit l'imagina
pour le Temple de Salomon , & qu'il en fît
de plufieurs maniéres , afin de contenter tous
les goûst. *René François* dit , que les colomnes
de ce Temple furent modulées fur le corps
de Jefus - Chrift , quoiqu'il y ait dans ce

calcul un anacronifme de mille ou douze cents
ans. *Delorme* , qui étoit du même métier , a
pouffé auffi loin la fainteté de l'Architecture ;
il nous a promis les proportions divines fur
tous les ordres de colomnes prifes , difoit-il ,
dans les *Livres* faints ; la mort enleva ce ga-
lant homme dans le tems où il alloit nous donner fes démonftrations : ces proportions divines devoient s'étendre jufqu'aux cheminées
des appartements.

Tandis que l'un nous obferve que tel chapiteau
défignera un Martyr , s'il eft orné de cornes
de bélier ; qu'un autre dit que tel ou tel ordre
de colomne fiéra fort bien pour les Religieufes , étant plus longues & plus effilées ; l'Auteur des Monuments de la Grèce nous affure ,
que c'eft un coup de malheur qui fit imaginer
la colomne. « On aura , dit-il , fait des pou-
» tres trop longues ; elles auront ployé ; on
» aura coupé des troncs d'arbres pour les foutenir ; la nouveauté de ce fpectacle (de troncs

» d'arbres) aura échauffé l'imagination **des In-**
» venteurs , **&** ils en auront exécuté **de fem-**
» blables dans tous les édifiçes ». **L'Auteur**
réclame cette découverte contre qui **que ce foit**
qui voudroit la revendiquer ; c'eft lui qui **trouve**
que les corniches dérivent des parafols.

Nos Ecrivains fur l'Architecture font **affez**
féconds en *rebus* : l'Auteur d'une **Lettre** fur
cet Art , demeure perfuadé que l'Antiquité **ne**
vécut que dans les ténébres , que les lumieres
ne vinrent que du jour où la colomne **prit**
des dimenfions : il prétend que ceux **qui l'in-**
ventèrent , firent fort mal de copier les **cordes**
qui lioient l'arbre colomne , ou pilier **de la**
première cabane , pour compofer une **bafe &**
un chapiteau ; il s'écrie, que la nature n'eft
pas toujours bonne à imiter , que **nous capti-**
vons trop notre génie , qu'il faut des **écarts**
d'imagination ; il finit par nous affurer **que les**
Italiens font d'honnêtes gens , **& que nous**
avons un patriotifme mal-entendu.

Alberti , dont j'avois oublié de vous **parler,&**

qui le premier a écrit fur cet Art, eft le plus
réjouiffant de tous nos Architeétes : à fon Traité
de l'Art de bâtir, où il joint des étymologies fur
l'Architeéture , il a uni la mort aux rats, le fecret
de guérir les fiévres , tuer les punaifes, recouvrer
le fommeil, empoifonner des forêts, & détruire
une flotte en pleine mer : il enfeigne à fe faluer
quand on fe rencontre dans un corridor , cite
les cas où on a befoin d'une chaife percée ,
calcule le nombre de chiens & de mouches
qui pouvoient entrer au Palais , à la boucherie
de Toléde , & au Temple d'Hercule ; il ap-
pélle les Rois des Tyrans , veut des Républiques gouvernées par des Prêtres : en un mot,
fon Traité eft plutôt une piéce de Carnaval,
qu'un livre d'Architeéture.

Voilà à - peu - près la force des Critiques
que j'aurai à craindre dans l'importante difcuffion que je me propofe , & les Architeétes
qui écrivent copiant ceux qui avoient copié
les premiers Ecrivains fur cet *Art* , ne feront pas plus redoutables. M. *de Chambrai* ,

illuſtre Amateur , dit que tous les Ecrits ſur l'Architecture ne ſont qu'une terre fraîchement remuée. Je tâcherai, Monſeigneur, de vous égayer une autre fois ſur leurs idées , lorſque je parlerai de l'Art de bâtir ; vous verrez qu'il y a quelque choſe à dire ſur cette matiére , puiſque pluſieurs Architectes ſont convenus que cet Art eſt encore en enfance parmi nous.

Je ſuis avec reſpect , &c.

TROISIÈME
LETTRE
SUR
L'ARCHITECTURE,
A MONSIEUR
LE COMTE DE BUFFON,

INTENDANT du Jardin Royal des Plantes, de l'Académie Françoife, de l'Académie Royale des Sciences, de la Société Royale de Londres, de celle d'Édimbourg, de Pétersbourg ; de l'Académie de Berlin, & de l'Inftitut de Bologne.

PAR M. VIEL DE SAINT-MAUX,
Architecte, & Avocat en Parlement.

A PARIS.

M. DCC. LXXXIV.

TROISIÈME LETTRE

SUR

L'ARCHITECTURE, (a)

A M. LE COMTE DE BUFFON.

Monsieur,

Si les Sciences & les Arts ont été regardés, par les Peuples les plus sages, comme un rayon de la flamme divine, comme un présent précieux fait aux mortels, qui plus que vous doit de la reconnoissance à l'Etre suprême; qui mieux que vous sait faire valoir les dons qu'il en a reçus, & porter plus loin ces rayons lumineux !

Vous sacrifiez vos veilles pour dévoiler à

(*a*) Pour ne pas interrompre le fil du discours, on a renvoyé à la fin de l'Ouvrage toutes les notes, en marquant exactement les renvois qui les indiquent.

tous les yeux les causes merveilleuses de la Nature, causes qui caractérisent l'immensité de Dieu ; & animé du même zèle que l'on a toujours admiré dans les grands Hommes, vous prenez l'intérêt le plus vif à ce qui contribue aux nouveaux apperçus, à ce qui devient utile au bonheur & à l'instruction des mortels.

Ce n'est que par les Sciences & les Arts que les Nations furent civilisées. C'est par leur influence que l'homme s'éleva jusqu'à lui-même. Les premieres idées lumineuses qui caractérisèrent son imagination, les premiers apperçus que lui suggéra l'Eternel, ces moments heureux où les·facultés se développèrent, & d'où sont dérivées les autres connoiffances, s'étoient transmis sans doute d'une postérité à l'autre, comme le récit le plus précieux & le plus consolant, jusqu'à ce que l'homme, entraîné par l'intérêt & l'ambition qui ont produit la destruction des sociétés, ou des monuments recommandables, eût éloigné nos temps des connoiffances acquises par la première antiquité.

Ce n'est cependant que par les notions les plus exactes du génie des anciens, que les modernes peuvent justifier ce qu'ils semblent vouloir revendiquer sur l'antiquité ; mais pour parvenir à ces notions n'auroient·ils pas pris une route contraire ? Ils ont dédaigné les fastes & les monuments des Orientaux ; ils n'ont consulté ni le langage-peinture, ni le culte de ces Peuples sectateurs de l'antiquité & des coutumes transmifes. Leur langue peinte tient encore aux premiers hyérogliphes ; leur culte tient à l'Agriculture ;

leurs temples & leurs monumens font symboliques & agricoles (1).

Oui, Monsieur, en Afrique, en Arabie,
en Perse, & dans les Grandes Indes, on voit
des Peuples, & même des Empires, encore
agricoles, & qui vivent comme les premiers
habitans de la terre. Même génie, mêmes loix,
mêmes allégories dans les objets de culte, mêmes
types & mêmes symboles dans les monumens
d'Architecture. Parmi eux aucune montagne,
aucun terrein ne peuvent rester sans culture,
sans manquer, disent-ils, à la Providence & à
l'ordre public. Leur régime diététique n'est presque composé que de végétaux, afin de maintenir
leurs falcultés mémoratives, ainsi que la force
de leurs constitutions politiques & religieuses:
ils se gardent d'y faire des innovations ; ils
possèdent les connoissances du premier monde.

Leurs chroniques contiennent un état de
tout ce qui s'est passé dans leurs contrées, &
même sur le reste du globe. Les Ephémérides
font liées à l'histoire des faits; l'histoire du Ciel
& celle de la terre se justifient aux yeux de
celui qui n'est guidé par aucun intérêt. Ici,
disent-ils, une portion de terre fut consumée
par un volcan ; là, tel monument fut rebâti
avec les mêmes symboles & sur les mêmes dimensions qu'il avoit existé quelques mille ans
auparavant. Découvertes, apparitions de co-
mètes, fondations politiques & religieuses,
tout est consigné dans leurs fastes; ils indiquent
le temps où les simulacres furent taillés au
ciseau ; ils indiquent encore les moyens dont
l'homme se servit pour découvrir la marche

A iij

des Cieux & connoître les pôles du monde.

Ces Peuples ne s'abreuvent point du fang des animaux, & n'en préfentent point aux Dieux. Les prémices des fleurs & des fruits font leurs offrandes à la Divinité (2): ils ont en horreur les peuples pafteurs, ou ces hordes de brigands qui , ne cultivant rien , dévaftent les terres fertilifées; la vigne eft également prohibée parmi eux, comme elle le fut chez les anciens Peuples de la terre. Ces obfervations deviennent utiles pour parvenir à l'analyfe des premiers monumens (3).

Le culte agricole rend ces peuples inftruits & laborieux. Leur adreffe égale leur gaieté; ils portent aux champs leurs inftrumens de mufique; ils appellent leurs contrées *l'Empire de l'Agriculture*, *la bafe du Soleil*, c'eft-à-dire, de fes louanges & de fes vertus fécondantes. L'Agriculture eft en fi grande vénération parmi eux, qu'ils fe peignent les jambes & les bras en forme de feuillages; ils ornent les environs de leurs temples de fapins & de bambous, comme étant toujours verds; les Poëtes chantent ces ombrages. Ils sèment au devant de leur habitation des plantes vivaces fur des pierres poreufes , pour exprimer la force de la végétation; ils reçoivent dans leurs demeures paifibles , comme une marque de félicité, les branchanges qui atteignent à leurs fenêtres , ils en louent le bienfaiteur. Culte & culture ne font pour eux qu'une même chofe. Jugez, Monfieur, fi les monumens d'Architecture, parmi ces Peuples, doivent être fymboliques, & s'ils doivent exprimer l'Agriculture.

Leurs jardins particuliers font une repréfentation de tout ce qui fe paffe dans la contrée.
Ici, eft un petit temple fur une élévation; là,
eft une pierre fymbolique qui précéda les temples : ici, eft l'emblême du foleil repréfenté par
un fimulacre à douze bras, pour exprimer les
mois de l'année; allégorie qu'ils confidèrent
comme ayant donné naiffance aux Dieux fecondaires. Ce fimulacre, couronné de fept étoiles,
défignant les planetes, répond à la théogonie
des anciens Peuples d'Affyrie, de Chaldée, de
l'Egypte, & de l'Ethiopie; à celle de l'ancienne
Grèce & des Peuples du Mexique, enfin à celle
des Sabins & des Gaulois.

Lorfque ce fimulacre eft repréfenté tenant
des enfans, on y reconnoît dix garçons & deux
filles qui défignent les dix mois de travail agricole & les deux mois de repos que le climat
permet à ces peuples. Ce furent ces mois de
repos qui fuggérèrent les trois Graces parmi
les Grecs; ils étoient confacrés à célébrer les
Mufes, c'eft-à-dire, les neuf mois de travail où
préfidoit Apollon, fymbole du foleil (4).

Les fétes & les cérémonies des Indiens &
des Japonois font toutes fymboliques. Je dois
en donner une idée. Si je ne parlois point de
ce qu'ils regardent comme facré, & de ce qui a
fuggéré la conftruction des temples, je ferois
la même faute qu'ont faite les Artiftes modernes,
lorfqu'ils ont voulu analyfer l'Architecture des
Grecs & des Romains. Cette analyfe, felon
eux, ne confiftoit qu'à mefurer les différentes pierres, n'importe pourquoi les monumens avoient été élevés. Ils font revenus auffi

A iv

peu inftruits qu'ils l'étoient avant leur voyage.
Comme ils ont vu des cornes fur tous le monumens, je fuis furpris qu'ils n'aient pas dit
que les anciens étoient *cocus*. Vénus, qu'ils
ont prife pour une Déeffe impudique, & à laquelle, fous différentes dénominations (mais
qui défignoient toujours la terre & fa fécondité), on éleva un grand nombre de temples,
les eût acheminés à cette idée (5). Les tipes &
les fymboles répandus avec profufion dans les
veftiges d'*Andera*, d'*Héliopolis*, de *Palmyre*,
&c. qui pouvoient les inftruire du génie des
anciens, & dévoiler à leur yeux l'efprit des
monumens de l'antiquité, n'ont été confidérés
par eux que comme chargés de fculpture &
ornemens arbitraires.

C'eft dans la célébration des fêtes des anciens Peuples, & de ceux qui ont confervé
leurs ufages (fêtes qu'on n'a pas manqué de
nous peindre comme un amas de fables ridicules & méprifables), qu'on trouve à s'inftruire,
non-feulement de toute origine fur les fciences &
les arts, mais même du génie uniforme de tous
les Peuples de l'antiquité. Elles repréfentent
encore la cofmogonie du monde, la naiffance
& les progrès de l'Agriculture, qui fuggérèrent aux Grecs ces belles repréfentations de
Triptoléme, que nos Antiquaires n'ont jamais
voulu expliquer. Ces fêtes font, aux yeux des
Peuples agricoles, une repréfentation ingénieufe de la marche périodique des aftres &
des révolutions de l'univers. Elles peignent
les malheurs de l'homme avant l'Agriculture,
& fes avantages, lorfque par fes travaux il

..rendit le globe fertile. Elles offrent enfin une théogonie fymbolique, que ces peuples regardent comme le triomphe de l'efprit humain (6).

Le nombre d'épithètes données au foleil, felon qu'ils le confidèrent comme le Dieu des faifons, des mois, des années, &c. a fait croire que le culte & la lithurgie de ces Peuples étoient un galimathias. Le foleil, outre les attributs qui expriment fa fécondité, fa force végétative, & les loix de fes mouvemens, défigné par des mots que ces Peuples favent apprécier, foit par *ten-jou*, *tens-jo*, ou enfin *tens-jo-dai-fin*, &c. qui fignifient le flambleau du monde, le puiffant & le très-élevé, &c., eft toujours, felon eux, fils de l'immenfité fuprême, de la lumière primitive, qu'ils peignent fous des rapports qui répondent au *Cabire* ou *Démaraon* de Phéniciens, au *Belus* des Chaldéens, au *Al-amon* des peuples de Libye, à l'*Ofiris* des Egyptiens, enfin au *Jou*, *Joupiter* ou *Jouva* des autres peuples de la terre (7).

Confidéré comme l'ame de l'Agriculture, le foleil a par-tout dans ces contrées un grand nombre de temples qui lui font dédiés. On célèbre en fon honneur la fête de chaque mois. Chacune a une épithète particulière, relative à fa lumière vivifiante & aux productions de la terre. Ces douze épithètes ou douze mois compofent, ce qu'ils appellent les Apôtres de *Ten-jo-dai-fin*, comme elles compofoient les douze grands Dieux parmi les peuples Orientaux. Enfin, confidéré comme le héros planétaire, le foleil a, dans toutes les poéfies, des combats à foutenir & des monftres à vain-

cre, tels que l'Hercule des Grecs & des Romains.
Nous verrons bientôt ces mêmes combats retracés fur les murs des temples.

Parmi les repréfentations particulières de
chacune de ces fétes, celles qu'on célèbre aux
folftices, aux équinoxes, ou aux époques jubilaires, font les plus majeftueufes & les plus
fécondes en allégories. Ceux qui defservent
le temple du foleil, vêtus d'une robe couleur
de feu, font paffer tous ceux qui vifitent le
temple au travers d'une fphère artificielle,
compofée de cercles qui fe meuvent, & défignent aux points de leur pénétration, foit le
nœud où le cercle lunaire coupe l'écliptique,
& où le foleil & la lune font alors repréfentés,
foit enfin toute autre révolution des aftres
dont on célèbre les périodes. Il n'exifte pour
ces peuples aucune équivoque fur la fête du
jour : inftruits des caufes de la nature, l'expreffion de leur reconnoiffance eft toujours
moins indigne de l'Etre fuprême dont ils cé-
lèbrent les bienfaits (8).

Des poéfies, des danfes allégoriques, des
fymphonies, des chars, des repréfentations
fymboliques fur des théâtres, & dont chaque
rue, qui font toujours au nombre de douze
dans chaque ville, fait les frais réciproque-
ment, concourent à rendre ces fêtes piquantes
& inftructives. Ces théâtres font tendus de
crêpes noirs, parmi les Japonois, pour exprimer fans doute l'incompréhenfibilité de la flamme divine. Des perfonnages avec des fleurs ou
des productions fur la téte, y repréfentent les
mois; on y voit des montagnes artificiell es fur

des chars, & couvertes des plus utiles productions de la terre. Des bœufs fimulés, fymbole du labourage, des corbeilles myftérieufes
y expriment les richeffes de l'Agriculture ; tout
eft porté comme une marque de triomphe,
ou comme une conquête faite fur le befoin &
fur la pauvreté. Les luttes & les combats qui
terminent ces jeux agricoles, font toujours relatifs à des objets moraux (9).

On trouve auffi dans les contrées de l'Inde,
& parmi les Japonois, des pierres ifolées que
nous avons déjà dit être les mères des fciences
& des arts, interprètes du culte & filles de
l'Agriculture. Ces monumens, répandus jufque
fur les montagnes les plus élevées, font dans
la plus grande vénération, foit à caufe de leur
antiquité, foit parce qu'elles dépeignent la
marche des premiers humains. Elles offrent un
baffin pour fe purifier les mains, lorfqu'on paffe
au devant d'elles, au rapport de Kempfer.

Il eft de ces pierres qui portent les hyérogliphes des loix, que ces peuples appellent
ordonnances des Dieux, d'où dérivent fans
doute parmi nous, qui avons tout puifé des
peuples agricoles, les mots, *ordre de colonnes*,
ou *ordre d'Architecture*.

On voit également dans les temples, des
pierres noires & cylindriques, femblables à
celles que décrit Porphyre ; ces monumens
qui, felon cet Ecrivain, exprimoient que la
nature de la Divinité ne tombe pas fous le fens
de la vue, étoient également dans celui de la
Mecque, ainfi que dans les temples de l'antiquité. Tous les anciens peuples ont élevé des

monumens au Dieu incompréhenfible, au Dieu inconnu à l'efprit humain : pourquoi dérober à l'antiquité cette idée qui la caractérife ?

Les temples Japonois font tous bâtis fur des montagnes. Telle étoit l'ancienne loi. Atténant d'un côté à une colline riante, tapiffée de verdure, l'autre côté eft fupporté par des colonnes qui forment périftile, & font fouvent ménagés fur le même bloc. Un bois agréable, un ombrage myftérieux entourent ces temples, une fuperbe terraffe les précède; & ces terraffes ont des efcaliers magnifiques pour en faciliter l'accès; des fources minérales ou des fontaines d'eau vive jailliffent des rochers; des fleurs agréables, des arbres toujours verds décorent l'enceinte d'un lieu où, felon l'expreffion de ces Peuples, fe plaifent les Dieux : des avenues d'une longue étendue, ornées de deux rangs de cyprès, des portes fuperbes, appellées *torys*, qui précèdent ces avenues, annoncent aux paffants l'édifice facré, & donnent une majefté fingulière à ces temples agricoles.

Ces portes ou *torys*, qui le plus fouvent fe répètent aux deux extrémités des avenues qui conduifent au temple, font formées par deux colonnes qui portent une efpèce d'entablement recourbé & fait en forme de navire; elles défignent par cette conformation, que l'édifice eft dédié à l'un des aftres qui furent dépeints par toute l'antiquité comme navigateurs dans l'atmofphère éthéré : la ville de Paris n'a un vaiffeau pour fymbole ou armoirie, qu'à caufe de *B-aris* ou *P-aris* à qui elle étoit confacrée; mot qui, ainfi que celui

de *Pharnace*, défignoit le Dieu *Lunus*. Les Artiftes, en fculptant ce vaiffeau, y ont joint in-
fenfiblement une mâture à notre mode, ils y
ont même figuré des canons, tant ils étoient
inftruits des origines. (10) Ils font loin de foupçonner que le nom de *Lutèce*, que prit enfuite
cette Capitale, eft encore une épithète de la
lune.

Oui, Monfieur, tout eft fymbolique dans les
édifices de ces peuples agricoles. Le nombre
des colonnes eft relatif à celui des planètes,
ou des mois de l'année, ou des jours de chaque mois, foit dans ce qui forme le périftile,
foit dans l'intérieur du temple, ou enfin fuivant l'efpace qu'ils veulent décorer. Leurs
temples font divifés en trois parties, ainfi que
l'étoient ceux de l'antiquité ; mais un jardin
fimulé, orné de ponts & de cafcades, occupe
ce qu'on appelle le veftibule ou la première
partie (11). La partie principale du temple eft
toujours peinte en rouge ou en noir : un grand
miroir de forme circulaire, entouré de feuillages ou de fleurs d'immortelle forme le fond du
fanctuaire, pour marquer, difent-ils, l'œil
clair-voyant de la Divinité, & la parfaite connoiffance qu'elle a de ce qui fe paffe dans l'intérieur le plus profond, ainfi que l'obferve
Kempfer. Ce miroir peut défigner auffi que la
nature fe répète dans tous les âges. On voyoit
des miroirs dans le temple d'Héliopolis, ainfi
que dans ceux de l'ancienne Grèce ; on en voit
encore dans les temples & les oratoires des
Arméniens.

Des lampes faites en bateaux brillent fans

ceffe dans les temples, & ornent le plus fouvent
l'avenue qui les précède (12). Des flambeaux de
bambou ou de bois aromates y rendent une
flamme douce & odoriférante ; ils mefurent le
temps du jour & de la nuit. Les Laïcs qui deffervent ces temples invitent les peuples à la
morale au lever & au coucher du foleil; ils
rappellent fans ceffe le chaos, retracent les
merveilles de la création, établiffent cette
unité qui doit régner (difent-ils) fur la terre
entre le Culte, l'Agriculture, les Sciences &
les Arts; ils defirent fans ceffe des peuples
inftruits. Ces Laïcs font revétus de robes blan-
ches ou ponceau, ou quelquefois couleur
d'azur, felon la cérémonie du jour. Ils portent
des chapeaux faits en forme de bateaux, ou
fouvent de forme triangulaire & pyramidale (13).

Les galeries des temples font ornées de
peintures fymboliques; guerres de géans, dé-
faites des monftres, &c. exprimant les combats
du travail contre l'oifiveté. Ces peintures forment toujours douze tableaux, comme les
travaux d'Hercule qui ornoient le temple de
Belus, ceux de la Phénicie, de l'Egypte, de
l'Ethiopie, enfin de ceux de Cadix, Colonie
Phénicienne, & ceux de Thèbes dans l'ancienne Grèce. Ces peintures, emblêmes des
douze mois, retracent les révolutions du foleil, & inftruifent fur l'origine de l'Agriculture & fur les travaux des habitans des contrées qui ont rendu le globe falubre & fertile.

Des pyramides ornent la cour qui précède
les temples agricoles; la plupart font dorées,
quoique d'une hauteur prodigieufe, & font

terminées, prefque au bout de leur flèche, par
une couronne renverfée, qui porte des cym-
bales que les vents font mouvoir. Cette couronne eſt un *ex-voto* au firmament (14). D'autres
pyramides font incruſtées de peintures, & décorées de fujets allégoriques, tantôt terminées par des pommes de pin ou de grenades,
(le rimon des Hébreux); tantôt elles font
gravées imitant la pomme de pin juſqu'au tiers
de leur hauteur, & couvertes de lames d'or
juſqu'au fommet (15). Les cours de ces mêmes
temples, chez les Siamois, les Japonois, &c.,
font ornées de toutes les pierres fymboliques qui
ont exiſté; on y voit des viviers pour les poiſ-
fons, qu'ils appellent facrés : ici, font des plantes vivaces qui marquent la végétation & la
fécondité; là, des arbres de pin refendus fur
leurs pieds, pour leur voir fans ceffe porter des
fleurs des deux fexes (16); & enfin tandis que le
figuier, qu'ils appellent *facré*, recourbe fes branches pour fe reproduire & former de nouvelles racines, les bannières & les drapeaux
fur la porte des temples, annoncent le culte
& le triomphe du cultivateur.

La plupart de ces temples ont une tour
pyramidale, & dont l'intérieur fert de temple
particulier : ces tours font d'une élévation qui
étonne, & forment huit retraites ou étages,
comme la tour de *Belus* : des toits recourbés
en forme de navire terminent chaque retraite,
& ces navires font renverfés vers la terre, pour
exprimer l'influence des aſtres, que ces peuples connoiffent fans doute mieux que nous.
La tour de *Belus* ou *Babel*, compofée, dans fa

forme pyramidale de huit temples l'un fur l'autre, répondoit au cube de *deux* , fans ceffe confacré à la Divinité; la ville de *Chemmis* , aujourd'hui *Akmin* , étoit confacrée à celui qui préfide à l'Octave célefte ; *chemmis* fignifioit *huit* dans la langue Egyptienne.

Les colonnes, dans toutes les contrées de l'Inde, & même dans l'Ethiopie, ne font deſtinées qu'aux édifices facrés , & font formées fur des féries diverfes; la plupart font taillées à huit faces, ainfi que les petites arches ou temples portatifs, que les Japonois appellent *Mikofi* (17) , ainfi que l'eſt encore la fameufe colonne du Caire qui marque les débordemens du nil ou la crue des eaux ; colonne qu'on nomme *Mikias*. Les chapiteaux font toujours fymboliques, ainfi que tout ce qui conftitue leur ordre d'Achitecture.

Sur des montagnes, qui pour nous feroient inacceffibles, on trouve des temples dont les murs font conftruits avec des pierres énormes ; il femble que tous les peuples agriculteurs aient eu les mêmes idées & le même génie. Le culte contribuoit fans doute à donner aux conftructeurs cette ferveur qui fait franchir les obftacles. La montagne de *Tabor* , taillée en pyramide , offre des veftiges, dit Corneille de Bruine, dont les pierres font d'une groffeur effroyable. La Montagne de *Fut-fi-Jama* au Japon, taillée en cône, & qu'on ne peut efcalader , dit Kempfer , que par trois jours d'une marche pénible, offre un temple qui n'eft formé que de pierres monftrueufes.

Les temples fur des montagnes annoncent
toujours

toujours la plus haute antiquité. On n'en conftruifit dans les plaines que par la fuite des temps, lorfque le commerce & la navigation obligèrent les hommes à s'établir fur les rivages. Dans les contrées agricoles où les tremblemens de terre fe trouvent fréquens, & où, par cette raifon, on eft obligé de conftruire de petits temples en bois, on diroit que ces peuples en demandent pardon à la Nature entière, parce que les fociétés ne s'eftimoient entr'elles que par la magnificence & la folidité de leurs monuments facrés. En effet, dans tout l'Orient, & particuliàrement en Egypte, il n'a exifté aucun temple fufceptible d'être brûlé par Cambyfe; & Diodore de Sicile dit que les édifices de cette contrée, & notamment ceux de Thèbes, exiftoient de fon temps.

Le temple d'*Ife* eft, parmi les Japonois, le chef-lieu du culte, ainfi qu'en eurent toutes les Nations de la terre. On y diftribue des bulles ou des indulgences, qu'on nomme *offavai*, comme le rapporte Kempfer; tout l'Empire vifite ce temple une fois l'année, ou une fois au moins dans la vie. Ces bulles fe placent enfuite au-deffus de la porte des maifons; on y joint les branches d'une plante appellée *armoife*, diftribuées au peuple après la fête expiatoire de *Peïrum*. Une niche triangulaire reçoit & ces bulles & ces branchages. Nos Artiftes auroient dû examiner tous ces objets, pour voir fi les frontons que nous employons dans notre Architecture, ne pouvoient pas dériver du culte des anciens. Kempfer & les autres Voyageurs mettent en fait, que depuis la Perfe, l'Arabie,

B

& jufqu'aux Grandes Indes, on trouve des peintures & des repréfentations fymboliques fur les portes des maifons, ainfi que de ces branchages que nous venons de citer.

C'eft notamment dans les fimulacres Indiens que l'imagination s'eft le mieux déployée, afin d'exprimer les attributs de la Divinité, inftruire les peuples, & peindre à leurs yeux les vérités les plus effentielles (18). Leur analyfe eft de notre reffort, puifqu'ils dérivent des pierres agricoles ou premiers monumens de l'Architecture. Ceux qui nous ont décrit les coutumes politiques & religieufes des peuples de l'Inde; ont oublié fans doute l'explication de leurs fimulacres; ils ont cherché à nous édifier par les titres feuls de leurs écrits, en nous dépeignant des peuples idolâtres; rien n'étoit moins édifiant.

Ces peuples, de mêmes que les Egyptiens, font précéder les temples par des figures à certaines diftances, pour indiquer l'efpace entre l'homme & la divinité. Ces figures ont une forme humaine, mais une tête de lion, furmontée d'une couronne, & portent un bâton de commandement entortillé d'un ferpent; tandis que l'une le tient, de la main droite, élevé; l'autre le porte de la main gauche, en le tournant vers la terre. Ces ftatues, ordinairement coloffales, font toutes nues, n'ayant qu'une pièce de drap noir attachée négligemment à leur ceinture; toujours l'une a la bouche ouverte, & l'autre la tient fermée.

Ces ftatues expriment, au rapport de Kempfer & des autres Voyageurs, l'une la géné-

ration de toutes chofes , & l'autre la deftruc-
tion : « la première fignifie , dit-il , le Ciel,
» *principe actif.* La feconde la terre ou *le prin-*
» *cipe paffif* ». Les bâtons entortillés d'un ferpent repréfentent fans doute la projection de
l'écliptique coupée par l'équateur. L'allégorie
de ces fimulacres eft liée à celle de *Peïrum,*
dépeint comme fouverain d'une Ifle voifine
de l'Empire du Japon ; nous retrouverons ce
même *Peïrum* dans le Bas-Languedoc, ainfi
qu'*Anna Perenna,* connue également des Indiens , & préconifée dans les fêtes jubiliaires (19).

Les idoles renfermées dans les temples tiennent à une autre férie, & font quelquefois
d'une grandeur fi extraordinaire , que trois
nattes (qui font dix-huit pieds) auroient
peine, difent les Voyageurs, à couvrir la pau-
me d'une de leurs mains. Ces peuples indiquent
par-là que la Divinité occupe tout l'efpace (20).
Ces idoles font affifes , & n'ont même que des
jambes figurées , pour exprimer que les bienfaits du Créateur font permanens ; idée qui
répond aux fimulacres de l'Egypte, de l'E-
thiopie & de l'ancienne Grèce, qui n'avoient,
pour ainfi dire , point de jambes, quoique de-
bout. Athémidore (lib. 11. 42.) nous obferve que les Dieux affis défignent la fécurité
de leur conftance.

L'idole d'un temple a toujours fur la tête
une couronne formée par fept étoiles défignant
les planètes ; quelquefois elle eft entourée de
quatre fimulacres, qui fans doute repréfentent
les quatre éléments ; mais elle eft toujoursdorée,

excepté un difque noir confervé fur le milieu du front. Ces peuples indiquent par-là, qu'en outre de fon état radieux la nature de la Divinité ne fe peut comprendre ; allégorie fuperbe & majeftueufe. Crainte d'équivoque, cette idole eft encore affublée d'une draperie de drap noir qui laiffe voir les épaules, mais couvre la poitrine & le corps. On voit de ces idoles qui tiennent encore du type ou de ces pierres-colonnes dont nous avons parlé. Les vertèbres de marbre noir, qu'on y voit quelquefois incruftées, expliquent celles qu'on trouve fur les colonnes Egyptiennes, & qui ont tant dépayfé nos Architeﬆes, qui ne cherchoient que le pilier d'une cabane dans l'origne de l'ordre d'Architeﬆure.

Les autres fimulacres, parmi les Indiens, ont tantôt quatre bras, tantôt douze, & même jufqu'à trente ; chacun defquels offre aux yeux un fymbole diftinﬆif, ou une produﬆion qui caraﬆérife une des faifons, l'un des mois, ou enfin l'un des jours de ces mêmes mois. Il en eft dont la tête n'eft compofée que d'une fphère armillaire qui fe meut d'elle-même & marque divers périodes. On voit dans les temples dédiés aux cycles ou époques jubilaires, un nombre incroyable de fimulacres qui fe tiennent par la main. Enfin, parmi les diverfes féries que préfentent les idoles de ces peuples, les unes expriment le labourage & la fécondité, les autres défignent la marche périodique des aftres, & les caufes de la Nature, que les deffervans des temples ne manquent jamais d'expliquer. Ils confervent avec foin les livres qui traitent de la cofmogonie & de la théogonie depuis la première antiquité. Ces peuples ont les faftes les plus complets (21).

C'eft fur une plante appellée *tarare*, & qui eft en grande vénération parmi les Indiens, que font affifes toutes les Divinités, depuis l'Afie méridionale jufqu'au Japon. Les Egyptiens & les peuples d'Ethiopie avoient la même vénération pour le lotos & la nymphée que nous nommons *acanthe* : quelles font les propriétés de ces diverfes plantes pour avoir mérité un tel hommage ? Pourroit-on découvrir par celles qu'on voit dépeintes fur les monuments, & fur lefquelles on voit affis des fimulacres égyptiens, quelle eft la contrée qui les produit femblablabes ? Seroit-ce celle qui la première a fu s'en procurer une nourriture ? Seroit-ce celle qui, par des recherches, a vu naître les Sciences & les Arts, enfin qui a imaginé ces métaphores ingénieufes, qui étoient auffi propres à inftruire qu'à récréer les peuples agricoles ?

Si tous les voyageurs avoient été inftruits, on auroit eu moins de peine à fe faire une idée jufte des peuples de la terre ; mais la plupart n'ont voyagé que par ennui, tandis que quelques autres avoient plus d'infuffifance que de lumières. C'eft pour y remédier fans doute qu'on a retouché leurs manufcrits, & intercallé leurs diverfes éditions ; on ne les a fait accorder que fur les citations puériles. En effet, l'erreur eft fi gratuite dans la plupart de leurs relations, qu'elles dénotent un principe oppofé à celui de nous peindre les

B iij

anciens monumens, & les ufages des peuples qu'ils ont vifités.

De Corneille de Bruine, dont les con-noiffances fe bornoient à quelque pratique du deffin, on en a fait un raifonneur d'importance. Au lieu des veftiges d'Architecture, dont il devroit être queftion, il nous donne la généalogie du monde depuis Adam jufqu'à Alexandre. Selon lui, Darius n'eft vaincu que pour accomplir la prophétie de Daniel : il nous cite le crâne d'Adam, un fragment de l'Arche de de Noë, la pierre fur laquelle S. Jacques s'eft endormi, la maifon où S. Jofeph a couché, l'endroit où Jonas s'eft embarqué, celui où Abraham a trouvé un mouton ; enfin, il nous récite les converfations d'Ifaïe aux habitans de Tyr. A l'égard des monumens, il les défapprécie, après en avoir donné quelques mauvais deffins : à l'endroit où il trouve un chapiteau, qu'il dit être fingulier, & dont le deffin nous deviendroit utile, il nous donne celui d'un canard qu'il a mangé. Enfin, il parle du nombre des oifeaux qu'il a tués, des mouches & des papillons qu'il a pris, des nids de cigognes qu'il a trouvés fur une colonne de perfépolis, & nous vante comme un mets délicieux la tige de rhubarbe.

Nordem, qui n'étoit guère plus inftruit, frappe fur toutes les pierres de l'Egypte pour faire chanter Memnon ; mais ne pouvant découvrir fon fimulacre, il trouve l'impreffion que les eaux du déluge ont faite fur les différens marbres ou rochers de ces contrées. Il nous dit que les pyramides doivent leur origine à l'ignorance ; qu'elles avoient été élevées avant l'invention des hiéroglyphes, puisqu'elles en font dépourvues ; & convient, autre part, qu'on a arraché avec effort les marbres qui les couvroient, puisqu'il en refte des traces. Enfin, ayant rencontré fur fes pas des pierres dreffées & couvertes de caractères, il veut abfolument que le hafard les ait mifes fur pied, & blâme quiconque fera d'avis contraire. Il ignoroit fans doute l'exiftence des pierres agricoles.

Pocoke à fon tour, mefure les veftiges de l'E- gypte, & veut abfolument les rapporter aux dimenfions que fuivent les modernes, fur l'or- dre de la colonne, au lieu de foupçonner qu'un autre génie avoit préfidé à la conformation de ces monumens. De l'Ifle de Cypre, il retourne en Egypte pour paffer à Candie, afin de pren- dre le même chemin que S. Paul & Barnabé. Il trouve fur fes pas des peuples qui adorent le diable, fans nous dire que dans ces contrées ce mot à une autre fignification que parmi nous. Tout ce qu'il rencontre n'eft, felon lui, que tombeaux : ici, c'eft celui de Caïphe, qui fe déterra lui-même, dit-il, jufqu'à fept fois ; là, eft celui de Memnon, ou celui des Centau- res : il n'y a pas jufqu'à trois petits tas de terre qu'il trouve près de Sigée, qui ne foient les reftes d'Achille, de Patrocle & d'Antiochus. Vient enfuite le temple de Diane où, felon lui, on facrifioit tous les ans un garçon & une fille, fans foupçonner que c'étoit une céré- monie expiatoire d'un jour & d'une nuit, pour fe rapporter de quatre en quatre ans à ce que nous nommons année biffextile, & défignés

par l'emblème d'un garçon & d'une fille. Il
obferve auffi qu'on précipitoit les enfans dans
les cérémonies religieufes en Phénicie. En un
mot, la traduction françoife en fait tantôt un
favant, & tantôt un homme ftupide.

La traduction qu'on nous a donnée des voyages de Kempfer au Japon eft encore plus ridicule. On y a inféré cinq ou fix cents fois, qu'il
y a dans cet Empire un Empereur Eccléfiaftique
héréditaire; mais que perfonne ne fait où il eft.
On laiffe entrevoir néanmoins que ce prétendu
Empereur pourroit bien être une ftatue du foleil,
ou le foleil lui-même. On cite dans cet ouvrage
le jour où l'on a apperçu deux foleils & deux
lunes, le jour où il a plu des étoiles, ainfi que
des cheveux de quatre à cinq pouces de long.
On y cite des oifeaux qui avalent des charbons ardens, & quelles font les groffes perles
qui en font de petites, lorfqu'elles font renfermées dans une boîte. Le tout eft terminé
par des reproches à M. Carron fur le rabais
qu'il a fait dans fes écrits des maifons de cet
Empire deftinées aux filles de joie. Enfin, quoiqu'on eût deviné fans peine ceux à qui nous
avions obligation de cette traduction, on nous
a cité les noms des révérends perfonnages
qui, d'après les manufcrits & la poéfie Chi-
noife, l'ont, difent-ils, rédigée avec foin. Ils
n'ont oublié que de nous parler de leur intérêt perfonnel.

Les autres Voyageurs ne nous inftruifent
pas mieux, ayant paffé par la même filière.
Tavernier défaprécie les veftiges de T-chell-
Minard. Gemelli Carreri n'apprécie rien dans

le Mexique ; en vain les pyramides du foleil &
de la lune, ainſi que les mêmes ſymboles de la
Chaldée & de l'Egypte ſe préſentent à ſes
yeux ; envain des idoles à tête d'épervier, des
ſimulacres terminés par une pomme de pin,
des fragmens des Dieux Pénates, &c. ſe trouvent ſous ſes pas ; rien n'eſt ramené à la ſérie
générale qui caractériſoit les monumens agricoles répandus ſur le globe. Manderlo, Mendès,
Pinto, Bernier, & d'autres Voyageurs, ne
concluent rien de tout ce qu'ils ont vu dans
les Grandes Indes.

En effet, Pinto a vu dans un temple Chinois
trois cents ſoixante ſtatues. Celui de Pocaſſar,
dédié à *thaut* (le foleil), lui préſente trente
idoles ſous un petit dôme ſoutenu par douze
colonnes qu'il appelle *piliers*, ſans s'appercevoir que ces idoles, ou ces colonnes, ſe rapportent aux mois & aux jours des mois. Il ne
ſavoit pas ſans doute que le temple de Junon
en Elide renfermoit les heures perſonnifiées,
ainſi que Thémis leur mère puiſqu'elle étoit celle
des temps ; & que Janus à Rome avoit une
image qui, d'une main, montroit le nombre
trois cents, & de l'autre celui de *ſoixante-cinq*,
pour déſigner l'année entière ; enfin, quoique
parmi les Banians, la Pagode de B-anna-Rou
ait offert des ſtatues qui n'avoient qu'une tête
ſur une baſe pyramidale, quoique nos voyageurs
y aient vus des idoles ſans bras, d'autres qui les
tenoient étendus, &c., rien n'a parlé à leur imagination, rien n'a pu leur ſuggérer que c'étoit
le même culte & les mêmes ſymboles des anciens peuples de la terre.

Ceux qui, sans avoir voyagé, prétendoient
à nous instruire, nous ont donné de singulières
preuves de leur capacité. Le Ragois, Précepteur du Duc du Maine, nous assure, par exemple, que les habitans de la Guiana ont les
yeux au menton, la bouche à l'estomach, ce
qui sans doute doit les faire naître sans tête,
& par conséquent nuire au commerce des
chapeaux. Un autre nous dit que les Hotten-
tots ont, comme les Rhinocéros, des chairs
reployées en forme de draperie, & qu'elles
leur servent de tabliers au besoin. Enfin, tandis
que les uns s'efforcent à répandre des notions
aussi instructives, que les autres se récrient
contre toute recherche de la vérité, quelques
autres, plus sages, se vouant à l'étude & à la
réflexion, ne comptent sur un bonheur pur &
solide, que par le bon usage de leur intelli-
gence & de leur raison.

J'ai l'honneur d'être, &c.

NOTES.

(1) Page 5. Plusieurs Ecrivains font fortir des peuplades immenfes de l'Egypte ou de Babylone pour aller habiter les Grandes Indes. Ils n'ont pas foupçonné que, dans l'époque où ils fixent ces émigrations, les monumens ou pierres dévouées à l'Agriculture s'étoient déjà perdus de vue ; & que les Indes, remplies de ces antiques monumens, donnent à leurs écrits le démenti le plus formel. Le délire a été pouffé jufqu'à nous indiquer les rivières où ces émigrans auroient dû s'abreuver & pêcher le poiffon qui devoit fervir à leur nourriture Tantôt la preuve qu'ils donnent de la réalité de ces émigrations tient à la forme des chapeaux, conformes, difent-ils, aux ufages de ces divers peuples ; ce qui prouve, à les entendre, que les hommes & les chapeaux font d'origine Egyptienne : tantôt c'eft la conftruction d'une tour qui déplut à l'Eternel, au point qu'il en difperfa pour jamais les conftructeurs. Il a cependant exifté des monumens de la même férie. Il faudroit fans doute que les habitans des bords d'une efpèce de lac, appellé Méditerranée, euffent tout penfé, tout produit & tout fait, pour demeurer d'acord avec ceux qui ont dédié à l'erreur leurs plumes & leurs fenfations.

(2) page 6. Il eft défendu chez les Japonois de manger de la chair : ces peuples tirent plus de parti de leurs terres; les pâturages n'en abforbent pas la plus grande partie; les villes n'étant pas des boucheries répugnantes, l'air en reçoit plus de falubrité. Seroit-ce en fuivant ce régime que les anciens inventèrent les Sciences & les Arts? Comme il eft défendu au Japon de fe fouiller de fang, fi un ouvrier fe bleffe dans fon travail, il eft réputé incapable de coopérer aux édifices facrés; & s'il s'étoit bleffé en travaillant au temple du foleil, dit Kempfer, il faudroit démolir le temple & le rebâtir. Il ajoute que la charge de Juge des temples eft la plus confidérable de l'Empire. Voyez Kempfer, page

183, tome 1ᵉʳ; & 49, tome 2 2. volume in-folio.

(3) Page 6. La culture de la vigne fut défendue chez les peuples d'Ethiopie, de la Chaldée, de l'Egypte, des premiers habitans de la Grèce, & même par les loix de Mahomet, dont le culte dérive des peuples agricoles. Elle caufa bientôt des innovations dans la lithurgie des peuples. *Bachoé*, fymbole de tout élément humide, devint le Dieu de la vigne, enfuite le dernier des Dieux, fils de Sémélé. Les Grecs s'apperçurent trop tard que ces innovations cauferoient la décadence des Républiques & des Empires, en négligeant l'Agriculture, liée au Culte & à la Légiflation; mais le mal étoit fait. La fecte des Orphiques avoit déjà perverti les Myftères; les hommes ne refpectoient plus les champs. On fubjugua des nations, on admit dans leur fein des peuples bergers qui étoient en horreur aux anciens Cultivateurs. Il en réfulta des déferts immenfes fur le globe; mais de fort belles grappes de raifin furent repréfentées fur les monumens; & l'on vit dans toutes les poéfies nombre d'allégories fur Ariane, qui fignifie *côteau*. Peu de perfonnes font en état d'apprécier les travaux des premiers agricoles pour propager les eaux par le moyen des aqueducs creufés à travers des montagnes, quelquefois de marbre & de porphyre, pour arrofer des plaines immenfes dans les climats brûlants.

(4) page 7. *Ten-Jou*, parmi les Chinois, eft entouré par dix garçons & deux filles; *Tens, jou, daï-Sin*, parmi les Japonois eft repréfenté de même. L'allégorie porte, qu'il ne donna fes filles qu'à des habiles laboureurs, c'eft-à-dire, qu'il n'étoit permis aux hommes de fe repofer parmi les Grâces, que lorfque la terre n'avoit plus befoin de leurs travaux. *Ten*, dans la langue de ces peuples, fignifie *fept*, la première des fept planètes, puifque *daï* fignifie *grand*, *élevé*, & *fin* fignifie *créé*, puifque ce Dieu naquit, ajoutent-ils, d'une manière inconcevable à l'homme, par le pouvoir actif des Cieux, des éléments, & de la volonté fuprême. Voyez Kempfer, page 124, tome 1ᵉʳ. Il y a au refte un village près d'Antioche, qui fe nomme *Ten-Sin*.

(5) Page 8. Cet Autel, dont parle Paufanias, qui n'étoit composé que de cornes fi artiftement rangées, qu'il paffoit pour une des merveilles du monde, n'a pas été confidéré par nos Artiftes comme l'autel de la force & de l'abondance. Ils appellent maffacres toutes les têtes de bœuf qu'ils rencontrent fur les anciens monumens. Ils n'ont point apperçu que le temple de Delphes ne préfentoit un bœuf de bronze que pour indiquer la néceffité de cultiver fans ceffe la terre, & que le mont Palatin en préfentoit un autre, felon Denys d'Alicarnaffe, pour indiquer le culte des champs. Que penferoient-ils donc de cette ftatue que vit Pocoke, dont nous parlerons autre part, des épaules de laquelle fortoient des cornes? Les Chinois & les Japonois difent, au refte, que c'eft Sin-Noo qui leur fuggéra l'Agriculture; ils le peignent avec une tête de bœuf, ou avec une corne fur le front, au rapport de Kempfer, page 127, tome 1er; ces peuples font tant de cas de l'Agriculture & de la parure de la terre, que chaque maifon a une cour deftinée pour les plantes curieufes; & jufque fur les bateaux des Siamois, on apperçoit dans des vafes les plantes les plus rares, au rapport des Voyageurs.

(6) page 9. Nous avons encore des reftes des fêtes Agricoles, dont on feroit fort en peine de nous donner l'explication.

(7) Page 9. L'Auteur du Traité des Statues des Anciens dit, que les noms des anciennes Divinités fe rapportoient au foleil, & répète, après plufieurs Ecrivains, que celui d'*Ofiris* fignifioit le principe actif de la production des êtres, l'ame du monde, ou même la forme fubftantielle de l'univers. *Os Iris* dans la langue Copte, veut dire, *le Seigneur fabricateur*, & dans le ftyle fymbolique il défigne le *Charpentier du monde*. Au refte, les hommes changent de noms, & prennent de nouvelles épithètes dans l'Afie Méridionale & dans l'Inde, à mefure qu'ils avancent en âge & qu'ils font élèvés, dit Kempfer, à quelque pofte éminent. Il n'y a pas jufqu'aux plantes, felon lui, qui ne reçoivent différentes épithètes à mefure

qu'elles croiffent ; ce qui fert infiniment, continue-t-il, à diftinguer leurs facultés. Voyez Kempfer, page 35, tome 2 , Hiftoire du thé , incluſe à la fin de ſes voyages.

Il n'eft donc pas étonnant que ces peuples donnent aux aftres diverſes épithètes relatives aux ſaiſons, aux temps & aux productions.

(8) Page 10. Les Indiens & les Japonois ont une fête qui ne ſe célèbre que tous les cent ans. Les Romains en avoient de pareilles ; ils enfouiſſoient même l'autel ou la colonne qui avoit ſervi à la cérémonie , pour ſervir ſans doute encore après le ſiècle révolu. Voyez Kempfer, page 182 , tome 1er, au ſujet de cette ſphère artificielle parmi les Japonois. Au reſte, pour inſtruire les enfants juſque dans leurs jeux dans ces contrées, on voit que leurs boules ou leurs palets ne roulent que ſur un planiſ- phère céleſte , que ces mêmes enfants tracent réciproque- ment ſur la terre. Le palet du gagnant doit s'arrêter ſur telle diviſion relative à la marche du ſoleil, qui forme l'époque la plus prochaine d'une fête agricole.

(9) Page 11. Les fêtes agricoles furent à peu-près les mê- mes chez les divers peuples Celles d'Iſis chez les Egyptiens; celles des Mitras & de Haſſant parmi les Perſes ; les danſes en l'honneur de Mars chez les Romains, n'étoient qu'une peinture des révolutions des aſtres. Les Lupercales où les Prêtres étoient nus, repréſentoient les infortunes des temps antérieurs à l'Agriculture. Les Japonois & les Indiens, pour indiquer ces temps, ſe préſentent mutuellement , ſoit au renouvellement d'année , ſoit dans les viſites qu'ils ſe font, une eſpèce de coquillage qu'ils nomment *lavavi* , qui, ſelon eux, ſervoit de nour- riture aux premiers habitants de ces contrées. Ils ont encore une fête qu'ils appellent *Matſury*, où l'allégorie eſt la même que celle de la mort d'Adonis parmi les Phéniciens. La mer devint rouge, ſelon leurs Poëtes. Ce qu'il y a de plus ſingulier dans la repréſentation de leurs fêtes , c'eſt de voir ſe mêler dans les danſes ſymboliques un perſonnage habillé de toutes couleurs, pour déſigner

fans doute la Nature; il reffemble, dit Kempfer, à notre
arlequin. Ce perfonnage, propre à tout fur notre théâtre,
n'avoit pas l'air effectivement d'une invention moderne.
Voyez Kempfer, page 148, tome 1er; & 36, tome 2.

Non-feulement les théâtres, les nefs des églifes, mais
même les boutiques où l'on vend des fimulacres, font
tendues de noir, comme ayant des rapports à des objets
de culte, les Princes mêmes voyagent fous cette couleur;
leurs norimons, efpèce de voitures, font couverts de
velours noir, & leurs chevaux caparaçonnés de même,
lorfqu'ils vifitent les temples à quelque époque jubilaire.
Le temple des Cycles eft tendu d'une étoffe noire bro-
chée en argent.

(10) Page 13. Plufieurs Ecrivains trouvent l'origine de
ce vaiffeau dans ce que les Parifiens étoient, difent-ils,
commerçants, fans s'appercevoir que toutes les villes qui
faifoient le commerce auroient eu un vaiffeau pour armoirie; fans s'appercevoir que B-aris & P-aris défignoient l'un
des aftres auxquels toutes les villes étoient dédiées, fans
s'appercevoir que Cicéron nous repréfente les marchands
du temps des Romains, à peine confidérés comme ci-
toyens, & que la prière qu'ils faifoient à une fontaine,
& que nous a confervée Ovide, lorfqu'ils alloient fe purifier une fois l'an de leurs fraudes journalières, les mettoit peu à même de conftituer le nom d'une ville.

Quant au nom de *Lutèce*, feroit-il permis de confidérer que les anciens appelloient la lune *mère du monde*,
mère nourricière, & que dans toutes les contrées méri-
dionales de l'Italie, de la France & de l'Efpagne, on
appelle toute femme qui donne à manger & tient auberge,
Luſteſſa ?

(11) Page 13. Kempfer nous cite des jardins fimulés
dans les veftibules des temples, page 255, tom. 2; &
il ne faut pas s'étonner après cela fi la tradition des
Arabes porte qu'on voyoit un jardin au deffus du temple
de Balbec.

Au refte, les Prêtres reçoivent les étrangers dans l'une des
portions du temple, ainfi qu'on les recevoit dans le tem-

ple de Neptune, dans l'Ifle de Ténos, au rapport de
Strabon. Kempfer dîna dans celui d'*Amida*; il y trouva
des marchands rangés tout au tour, qui vendoient de
petits modèles de temples, ainfi que des fimulacres. Quelquefois ces objets font en cachou ou en fucreries, & procurent, dit notre Voyageur, une haleine douce. Les
galettes & les gâteaux qu'on offre dans ces contrées offrent
toujours l'empreinte du .foleil, ils ont la forme d'un
cône ainfi que celle d'un petit bateau, qu'ils appellent
barquette. Cet ufage exifte encore fur les côtes méridio-
nales de la France; les marchands qui s'adoffent contre
les églifes les jours de fêtes locales, vendent de petits
temples en fucreries, ainfi que des oifeaux ou autres objets faits avec une pâte jaune que mangent les enfans. Il
réfulte que ce commerce dans les temples a toujours été
relatif au culte agricole, comme le plus ancien du
monde.

(12) page 14. Les lampes dans les temples ne pourroient
éclairer la Divinité. Elles ne pourroient être de la part
des hommes qu'un *ex voto*. Les Egyptiens, ainfi que
tous les peuples de l'antiquité, avoient des lampes faites
en navire ; on en voit encore dans les mofquées de la
Perfe, & les Mulfumans, ainfi que nous, en ont confervé l'ufage. Ne voit-on pas dans Montfaucon, ainfi
que dans le Comte de Caylus, des efpèces de navires
qui ne font autre chofe que le fymbole de quelque aftre?

(13) Page 14. Voyez Kempfer, page 251, tome 2,
pour les chapeaux des Prêtres, faits en forme de
bateau.

(14) Page 15. L'aiguille ou pyramide qui termine le clo-
cher de la Sainte Chapelle à Paris, eft à-peu-près imitée de
celles de l'Inde, à la différence que la couronne n'en
eft point renverfée.

(15) Page 15. Non-feulement les pyramides, parmi les Siamois & les Japonois, font couvertes de
lames d'or, mais on y voit jufqu'à des temples, tels
que

que celui de *Jéfos*, qui font couverts, dit Kempfer, page 288, tome 2, d'ubanis d'or, efpèces de plaques de figure ovale & affez épaiffes, & couvertes d'hiéroglyphes.

(16) Page 15. Les arbres de pin portent toujours des fleurs des deux fexes. Il y a apparence que les Indiens n'en refendent le tronc que pour voir fi les fexes pourroient fe féparer.

(17) Page 16. Ces petites arches font ornées de corniches dorées, & font portées avec pompe & folennité, lorf-qu'au Zénith on célèbre la fête de la Divinité à laquelle le temple eft confacré. Chaque temple a autant de ces petites arches qu'il contient de figures fymboliques, défignant fous telle férie les attributs de la Divinité. Ce font ces temples portatifs, ainfi que les vaiffeaux fymboliques, que l'on conftruifoit pour les proceffions fur l'eau dans les fêtes expiatoires, temples ou palais flottans fi vantés dans l'antiquité, & fi richement décorés, que nos modernes devoient analyfer, avant que de foupçonner que des piliers, ou des pièces tranfverfales, néceffaires dans ces objets, indiquoient l'origine de la colonne & de l'ordre d'Architecture. Mais le culte n'a certainement pas commencé fur l'eau; & quand même les Grecs auroient imité en marbre ce genre de conftruction dans l'un de leurs temples dédiés aux époques jubiliaires, il s'enfuivroit que la penfée en feroit ingénieufe; mais elle ne fuffiroit pas pour replonger l'antiquité dans cet état de ténèbres & de barbarie auquel les Écrivains modernes voudroient la condamner fans retour.

(18) Page 18. Plutarque attribue la forme humaine des Dieux à la poéfie, qui, les mettant en action, avoit befoin de les expofer aux yeux. Cicéron prouve que les anciens n'eurent point d'autres Divinités que les céleftes, & qu'ils avertiffoient que les Dieux ne reffembloient point à ces figures, mais qu'elles en étoient les emblèmes. Les Prêtres Indiens les confidèrent fous ces mêmes rapports, & difent que leurs fimulacres font des images fymboli-

C

ques ; mais qu'il eft néceffaire d'avoir quelque chofe devant les yeux quand on prie. Ils ne reconnoiffent qu'un
feul Dieu. Voyez la converfation de Bernier avec le
Chef des Prêtres de l'Indoftan , Hift. Gén. des Voyages,
tome 38 , livre 2 , in-12.

(19) Page 19. Peut-on révéler une reffemblance fingulière dans la plupart des mots de la Langue Japonoife &
celle que parlent les habitans de Montpellier, contrées im-
menfément oppofées fur le globe ? Les fêtes, les cérémonies, les décorations, &c. de cette Nation ont avec
elle des rapports étonnans, & les dénominations en
font prefque les mêmes. On ne retrouve auffi que
dans le royaume de Thibet une danfe qui s'exécute à
Montpellier, où douze perfonnages tournent autour d'un
cavalier, & préfentent du grain fur un tambour de baf-
que, au cheval fimulé fur lequel il eft cenfé monté.
On trouve encore une montagne ifolée, près de cette
ville, dévouée aux loups : on l'appelle Pio ou Pic de
Saint-Loup, c'eft-à-dire *le pied du loup*, ou bafe de fon
temple & de fon fimulacre, puifque le loup défignoit
le foleil, comme on le voit dans le Monde primitif de
M. Court de Gébelin. Le lieu le plus élevé de Montpellier eft encore nommé *Peïrum*, le même fans doute
que celui des Japonois, & de ce *peïrum-is*, dont parle
Hérodote, à qui les Egyptiens avoient élevé autant de
ftatues qu'il y avoit de jours dans l'année ; fans doute le
même que ce *peïrum-is*, que vénèrent les habitans de
l'ifle de Ceïlan, & peut-être de celui qui a donné le
nom de Pérou, ou Peïrum à l'Amérique Méridionale.
Les armes de la ville de Montpellier étoient une image
d'*Anna Perenna* ; l'une de ces places, également très-
élevée, eft appellée C-anna-Ourga, furnom de la lune.
Nous n'ignorons pas qu'on a imaginé quelques contes
modernes touchant l'origine de toutes ces chofes. On a
été jufqu'à nous indiquer la maifon d'Efculape ; on a
fuppofé gratuitement, qu'il étoit né dans cette ville : on
l'y a dépeint avec une plaie à la cuiffe & un chien à
fes côtés ; ce n'eft même que depuis vingt-cinq à trente
années qu'on a ceffé de montrer au peuple un bâton de

fix à huit pieds de haut, & d'une circonférence de dix à
douze pouces, que l'on difoit lui avoir fervi de canne.
La lecture de Kempfer nous fit trouver la reffemblance
des dénominations que nous venons de citer, com-
munes entre les Japonois & les habitants de Montpellier;
elle nous fuggéra des recherches à cet égard. Ce qu'il
y a de fingulier, c'eft que l'idiôme de cette ville diffère
de celui que l'on parle à une lieue près, & qu'il va fe
rapporter enfuite, à beaucoup d'égards, à celui de l'une
des parties de la côte méridionale de l'Efpagne.

On fait au refte que Montpellier dérive de *Mons
Puellæ*, ou *Mons-Puellarum*. Qu'eft-ce que c'eft que
cette Pucelle? Seroit-ce *Vénus Athir*, connue des Phéniciens & des Carthaginois, & qui, propageant l'Agriculture depuis Cadix jufqu'en Italie, y auroit pu établir
fon temple, ainfi qu'on le voit par la marche que San-
choniation fit tenir à Hercule? Seroit-ce cette *Anna-
Perenna* la même qu'*Ifis*, dont les tables retraçoient les
loix agricoles, & qui feroit encore la même que *Venus
Athir*? Enfin, par *Mons Puellarum*, vouloit-on défigner Cérès & Proferpine, protectrices des plantes?

(20) Page 19. Il eft de ces idoles qui occupent tout le
temple, & ce qu'il y a de fingulier, c'eft que l'idole que
les Chinois ont dans le temple qui leur eft deftiné à Nanga-
zaki, dans le Japon, fe nomme *Italem*, ou *Italiem*.
Douze étoiles environnent fa tête en forme de couronne, ainfi que l'étoit celle de *Thor*, première Divinité
des Nations feptentrionales. Kempfer affure que les Chinois dépofent & remportent ce même fimulacre à tous les
voyages qu'ils font dans le Japon : ce fimulacre préfide
fur leurs vaiffeaux. Il eft des temples dans ces contrées,
qui, au rapport de Kempfer, fe fupportent eux-mêmes
par le moyen d'une coupe géométrique.

(21) Page 21. Les livres qui contiennent l'hiftoire chro-
nologique des Divinités fymboliques parmi les Japonois,
font le *Nipon-odaï-Ki* & le *Sin-daï-Ki*. Dans une efpèce
de fphère couverte d'un crêpe noir, & placée dans un

temple, les Japonois renferment & confervent les livres qui traitent de la Théogonie. Kempfer dit qu'on peut la faire tourner comme une roue. Il en cite une, que fon Rédacteur appelle une lanterne à fix angles, dans le temple de *Kurumado*. Voyez page 302, tome 2; il cite également des cartes géographiques de la Terre entiere que renferment plufieurs autres temples.

QUATRIÈME
LETTRE
SUR
L'ARCHITECTURE,

A Messieurs des Académies Impériales des Sciences, Belles - Lettres & Arts de Saint - Pétersbourg.

Par M. Viel de Saint-Maux,
Architecte, & Avocat en Parlement.

A PARIS.

M. DCC. LXXXIV.

QUATRIÈME

LETTRE

SUR

L'ARCHITECTURE*,

A MESSIEURS des Académies Impériales des Sciences, Belles-Lettres & Arts de Saint-Péterſbourg.

MESSIEURS,

S I les Arts firent le tour du globe, s'ils ſe fixèrent le plus ſouvent dans les contrées où ils furent protégés par les Souverains, quel aſile leur eſt aujourd'hui plus propice, & quel Empire

---

* Pour ne pas interrompre le fil du diſcours, on a renvoyé à la fin de l'Ouvrage toutes les notes, en marquant exactement les renvois qui les indiquent.

leur eſt plus favorable que l'Empire heureux qui
qui reçoit les loix de l'immortelle Catherine.

Les Savans & les Artiſtes, aſſurés que les dé-
poſitaires du pouvoir les couvriront de l'égide
de Minerve contre l'oppreſſion & l'intérêt particulier qui entretiennent la barbarie ; aſſurés
d'ailleurs de cette bienfaiſance qui les fait croître
& proſpérer, les Sciences & les Arts prendront
le vol le plus haut & le plus rapide ; & n'abuſant
plus des facultés que lui prodigua l'Eternel,
l'homme s'élevera juſqu'à l'homme.

Sans doute la Poſtérité ſe félicitera du règne
de cette auguſte Impératrice, qui propage,
parmi ſes ſujets, les Sciences, le Commerce &
les Arts. Les Savants excités par les Savants,
les lumières multipliées par les lumières, ſe
répandront enfin ſur l'eſpèce entière ; & l'ignorance n'oppoſera plus de barrière à la ſageſſe
humaine, que dans les Etats malheureux qui
reſpectent la barbarie, comme l'image des vrais
apperçus.

Dans ces ſiècles, qui ſemblent éclairés par
la plus ſaine philoſophie, les connoiſſances
acquiſes ne laiſſent-elles rien à déſirer ? La
Phyſique, la Médecine, les expériences utiles
& les recherches inſtructives ſont-elles parve-
nues à ce degré de perfection qui doit les
fixer à jamais ? Les notions au contraire n'ont-
elles pas été captivées juſqu'à ce jour par
ceux dont l'intérêt particulier fomente l'erreur ſoüs la trompeuſe apparence d'une clarté
philoſophique.

Les opinions admiſes, qui ſéparent ſans ceſſe
les connoiſſances que l'antiquité avoit puiſées

dans la nature , & qu'elle confidéroit comme formant *unité* à la reffemblance de l'Etre fuprême qui les avoit produites , ne font-elles pas encore le motif qui nous éloigne de la vérité ? L'antiquité étudioit fans ceffe tous les rapports, elle les retraçoit fur fes monuments. Ces mêmes monuments ont-ils été confultés avant l'admiffion de ces opininons (1) ?

L'Architecture, jadis Reine des Sciences & des Arts, n'a été confidérée de nos jours dans fes antiques productions, ni comme inftructive dans fes formes, ni comme fymbolique dans fes parties. Cet Art n'eft même parvenu à aucun caractère permanent parmi les modernes, l'ayant eftimé dans fon origine comme affujetti à des modes & à des dimenfions, & livré entièrement au caprice des Nations. Ces opinions ténébreufes, qui captivoient les génies, ont produit des écrits fans nombre, qu'on peut à peine lire , & en même temps une infouciance fur les Sciences, qui ont contribué à l'origine de cet Art. C'eft par quelque caufe fans doute que nos édifices les plus difpendieux font devenus les moins durables, & que prefque tout ce qui coopère à nos conftructions, a confervé une apathie qui déshonore les facultés humaines , & qu'on diroit ménagée par les ennemis de ces mêmes facultés (2).

La munificence des Princes s'eft manifeftée néanmoins fur tout ce qui pouvoit propager les connoiffances & conduire à des progrès. Encouragés par les honneurs & les récompenfes, quelques Savants ont éprouvé les effets de leur grandeur & de leur générofité ; mais

A iij

ils ont cru qu'on ne pouvoit rien ajouter aux apperçus modernes: ces bienfaits fans doute n'étant tombés que fur ceux qui par intérêt étoient liés aux anciens préjugés, ils n'ont adopté que les idées tranfmifes par les fiècles de barbarie; feul moyen de ne jamais participer aux lumières des peuples de l'antiquité.

Ceux qui, par ordre de Louis XIV, parcoururent l'Egypte, la Perfe & la Syrie, ne trouvèrent, dirent-ils, ni monuments, ni genre de conftruction qui méritaffent leur attention. Les recueils qu'avoit fait faire Loüis XIII, de tout ce qui étoit le plus précieux dans les veftiges de l'antiquité; les recherches à cet égards de Piétro Ligorio, les ruines d'Herculanum, les collections diverfes que plufieurs Savants nous ont laiffées, & qui toutes dénotent que l'Architecture a eu d'autres principes que ceux qu'on lui attribue; tous ces objets, dis-je, n'ont fervi à aucune analyfe, quoiqu'elle fût en état d'éclairer les mortels. Nos Antiquaires même ont préféré de déchiffrer une légende, fouvent inutile, plutôt que de rechercher les motifs qui avoient déterminé l'antiquité à tranfmettre ces types & ces fymboles.

L'explication de ces types & de ces fymboles étoit donc bien dangereufe pour les modernes, puifqu'ils ont marqué tant de répugnance à les confidérer fur les monuments, & à les apprécier dans les Ecrits anciens. Seroit-il plus glorieux de croire que l'antiquité n'en a jamais fait l'ufage qu'on peut lui fuppofer; & n'eft-il pas préférable de penfer qu'elle s'éleva jufqu'au faîte des connoiffances , & que , par des métaphores ingénieufes , elle peignoit les révolutions du monde , & les caufes de la nature? Eft-il rien de comparable à la marche qu'elle fuivit pour inftruire & récréer en même temps la Poftérité ? Tout lui étoit connu , & les caractères hiéroglyphyques que nous voyons fur quelques momies, annoncent même que c'étoit une forte d'impreffion. L'antiquité prévoyoit fans doute qu'elle formeroit le trône du menfonge, fi on l'employoit à d'autres ufages (3) .

Ce feroit fe refufer à l'évidence que l'antiquité faifoit ufage des fymboles, qu'elle exprimoit par des attributs les connoiffances utiles , non feulement fur fes monuments , mais même dans les objets les plus familiers. Les monnoies , fous la forme d'une feuille de plante , n'exprimoient - elles pas que l'Agriculture étoit la richeffe des hommes? Les bagues, fous la forme d'un ferpent à tête d'épervier , qui , de l'avis du Comte de Caylus , avoient précédé ces monnoies, n'étoient-elles pas le fymbole de l'Eternité, au point que tout le monde en convient (4)? Les balances & les poids, exprimant la Juftice, n'étoient-ils pas empreints des attributs de la Divinité , puifque fur l'un des poids trouvés dans l'ifle de Scio, on découvre un Sphinx ailé, qui en fut toujours l'emblême (5)? L'antiquité voulant même défigner le bienfait des pluies fur la terre, repréfenta jufqu'aux gouttières des temples fous la forme du Sphinx.

Le Caducée, projection de l'écliptique, repréfenta d'abord les Dieux fécondaires , &

qu'on nomma *Pénates*; preuve que ces Dieux n'étoient confidérés que comme divifion de la marche annuelle du foleil (6). Tout alors étoit relatif à ce flambeau du monde, tout portoit fon empreinte, jufques aux gâteaux qu'on offroit aux fêtes de chaque mois : le pain, appelé *de la Concorde*, & préfenté fur les autels, étoit orné de bougies allumées, pour imiter *Tellus*, (la terre) éclairée par le foleil.

Les outils deftinés au labourage portoient encore parmi les Grecs les mêmes noms que ce qui fert au mariage, & confervent encore une forme fymbolique parmi les peuples Agricoles (7). Les vafes à têtes d'épervier, ou fous la forme de fimulacres, fur lefquels étoient toujours retracés les fymboles relatifs à cet Art nourricier, enfin les meubles que nous voyons fur les peintures & les bas-reliefs de l'antiquité, prouvent affez que les anciens ne connoiffoient & ne faifoient ufage que des objets emblématiques (8).

Les inftruments de mufique participoient également des formes fymboliques. On voit des lyres formées par le difque, ou cornes du bœuf *apis*, emblême de l'Agriculture. On en voit fous la forme de trépied pour chanter les faifons orientales, & l'on voit des Cupidons jouant fur une lyre triangulaire; emblême de la Divinité. Les inftruments parmi les Coptes, ainfi que ceux des Indiens, que nous a donnés Kempfer, ont encore aujourd'hui ce caractère fymbolique. Les courbes qui formoient la plupart des inftruments étoient prifes dans la nature, tout répondoit à l'unité, tout concouroit à l'inftruction publique.

Pour analyfer les anciens monuments, qui feuls pouvoient nous inftruire, dit le Comte de Caylus, il falloit donc connoître le génie de l'antiquité, & comparer fes diverfes productions. Si nos Artiftes cherchoient à s'inftruire fur l'origine de l'Architecture, & notamment fur ce qui a fuggéré la colonne, qui en elle ne renferme pas moins que la marche graduelle de l'efprit humain (9), il falloit, avant que de le faire dériver d'un pilier de cabane, ou piece en fupport, la comparer avec les piliers ménagés avec foin dans tous les fouterrains que creusèrent les anciens; fouterrains, qui, par leur grandeur & la qualité de rochers, marbre ou porphyre dans lefquels ils les ont pratiqués, étonnent l'imagination; on auroit vu que ces piliers n'avoient rien de commun avec la férie de la colonne, on auroit vu que l'antiquité connoiffoit les fupports fans qu'un tronc d'arbre les fuggérât, ainfi que quelques Ecrivains l'ont prétendu.

L'Afrique & l'Afie offrent des fouterrains qui fe communiquoient & répondoient à des efpaces inconcevables : on en cite à cent foixante pieds au deffous des pyramides. Ceux de Memphis, difent plufieurs Auteurs, alloient joindre Héliopolis, & le temple d'Ammon; ceux du Caire répondoient à la mer Rouge. Palmyre communiquoit jufqu'à Damas, ainfi que la ville d'Ephèfe jufqu'à Smyrne. Les fouterrains que décrit Polybe, près de Séleucie, font prodigieux, ainfi que ceux de

Sydonia , dont parle Pocoke. La Perfe en offre de femblables , puifque ceux de Taduvan alloient joindre Chiras , diftant de vingt-cinq lieues. On voit des fouterrains à Nîmes fous le temple de Diane , il en exifte dans plufieurs autres contrées. La ville d'Alexandrie n'eft bâtie que fur des fouterrains , comme on bâtiffoit les maifons fur des arcades, à Ephèfe, à Théos & à Samos , &c. (10).

Les archives facrées , les temples à Sérapis & à Proferpine , protectrices des femences , les temples confacrés aux myftères Agricoles , ainfi que les lieux deftinés à l'étude des caufes de la nature , étoient toujours pratiqués dans des fouterreins femblables , & fervoient d'abri contre les chaleurs exceffives dans les climats brûlans. Ces fouterrains , qu'il ne faut pas confondre avec ces grottes immenfes pratiquées dans les rochers fur la plus grande partie de la terre , & dont nous parlerons en fon lieu , formoient fouvent des finuofités fingulières , & offroient des types & des fymboles myftérieux ; leur entrée étoit pratiquée le plus fouvent dans une colonne.

Si les Artiftes n'ont pas examiné les piliers ménagés dans ces fouterrains, dont l'antiquité eft bien plus reculée que les veftiges des monumens d'Architecture que nous connoiffons, ils auroient dû au moins analyfer ces pierres ifolées, fouvent fous la forme de colonnes ; pierres que nous avons déjà confidérées comme filles de l'Agriculture, & qui préfidèrent, pour ainfi dire, à toute conftitution fociale. L'antiquité ne ceffa de décrire & de célébrer ces fortes de monuments. Les Mufes, felon les Poëtes, étoient nées dans la Piérie; elles étoient les Piéréïdes. Hermès, difoient-ils, vint s'établir dans la contrée, & elle devint fertile. Diodore & Paufanias s'expriment de la même manière au fujet de l'ifle de Naxos, en difant que Butta, ou Butte, vint s'y établir. Enfin, le patrimoine de Butta, ou des pierres agricoles, étoit la terre entière, felon les anciens, puifque l'Agriculture eft faite pour le globe & pour nourrir l'efpèce humaine (11).

Parmi le nombre de ces pierres, dont les unes peignoient les Divinités ou portoient les inftructions publiques, & les autres marquoient la propriété des champs, celles qu'on deftina pour autels acquirent autant de formes qu'on trouva de fymboles. Il en eft encore dont les angles font occupés par des têtes d'Ifis, ou par des têtes de bœufs, fymbole d'Ofiris. Si l'un de ces autels fe termine en pomme de pin ou de grenade, ou enfin en forme de chapiteau, l'autre eft couronné par les tours de Cybelle. Si celui-ci offre la figure de Pan, celui-là préfente des Cupidons qui labourent ou foutiennent des productions. On en voit faits en trépied, entourés d'un ferpent à tête d'épervier; il en eft de formés par trois lyres réunies, & d'autres qui femblent imiter un amas des productions de la terre; il en eft où ces productions femblent donner naiffance à l'autel même, ou l'entourent en forme d'embelliffements (12).

Les pierres votives qui portoient quelques marques de fimulacres, au rapport des Ecrivains de l'antiquité, conserverent leur forme cylindrique, mais terminée par des objets qui exprimoient les caufes métaphyfiques qu'ils cherchoient à perpétuer; elles devinrent les emblèmes de la nature, & caractérisèrent le génie de chaque contrée.

Les allégories fur ces pierres fembloient être inépuifables. Rhéa en tenoit enveloppées dans des langes, pour défigner les enfants de Saturne, Dieu du temps, & père du labourage. On voit encore dans l'ifle de Ténériffe une pierre rocailleufe, avec une indice de tête & de mains qui tiennent une autre pierre dans des langes verdâtres, & dont un Prêtre de nos jours dit qu'on a fait une Vierge (13).

On voyoit de ces types réunis, foit pour défigner le nombre des planettes, des faifons, ou celui des mois, confidérés comme les douze foleils de l'année. Les Egyptiens & les peuples d'Ethiopie repréfentèrent ces monuments fous la forme d'autant d'animaux, dont les facultés connues peignoient à l'imagination, non feulement quels étoient les rapports des objets fignifiés, mais même les attributs de la Divinité qu'ils n'ofoient repréfenter fous une forme humaine. Mais quelques précautions qu'ils aient prifes à cet égard, les modernes dévoient les accufer, tantôt de fabéïfme, tantôt de zoolâtrie, cultes qui n'ont jamais exifté; ils étoient idolâtres, nous dit-on, parce qu'ils avoient des fimulacres. Enfin, pour comble d'ineptie, on met en fait qu'ils adoroient les faves, les oignons & les choux, & qu'ils partageoient ce culte entre les plantes, les hommes

& les animaux, fans nous montrer les documents qui établiroient cette affertion.

Parmi les transformations de ces pierres agricoles, il en eft qui furent couvertes de repréfentations fymboliques, comme l'étoient les colonnes du temple de Diane à Ephèfe ; d'autres étoient couvertes de mammelles, comme l'Ifis des Egyptiens, la Diane de Milo, la Diane & la Cybelle qu'on voit dans les recueils du P. Montfaucon ; ou enfin comme la Déeffe *Ruma* ou *Roma* des peuples d'Italie (14).

Ces pierres étoient quelquefois en forme de gaîne, quoique circulaires, comme font les colonnes de *Hajar*, *Silcily*, ou comme les pilaftres de *Nebi-Abel* (15). Si les unes étoient par-tout empreintes de l'image du foleil, comme on en voit à l'Arc de triomphe de Befançon, les autres étoient fculptées en façon d'ofier ou de pomme de pin : tandis que les unes n'étoient formées que par trois ferpents entortillés, comme celles de l'hyppodrome de Conftantinople, les autres étoient entourées par la figure d'un dragon ou d'un ferpent à tête d'épervier, avec les fignes du zodiaque (16).

Parmi tant de féries, on vit de ces pierres conferver la forme cylindrique, ayant feulement une tête & des mains poftiches, comme l'obferve Paufanias (17), ou n'ayant qu'une légère trace de vêtements, & terminées par une tête d'ifis, comme on en voit en Egypte ; tandis que quelques autres, au lieu de cet indice de vêtements, offroient de grandes ailes

qui , partant de la tête , venoient , en ſe croiſ-
ſant , ſe terminer au bas du fût de la colonne ,
ſemblables à ces Chérubins dont parle l'écri-
ture (18) : il en eſt qui ſont moitié ſimulacres ,
& moitié productions de la terre ; on en voit
qui commencent en forme de plantes , ou qui
n'offrent pour baſe que des eſpèces de racines ,
pour marquer ſans doute que ces ſymboles de
l'art nourricier devoient être permanents , &
d'autres qui , au lieu de ces racines figurées ,
n'offrent pour baſe que des pattes de griffons ,
pour marque de la protection divine : le grif-
fon , parmi les anciens , en étoit l'emblême.

On voit également des colonnes qui , pour
répondre aux ſimulacres réunis déſignant les
trois ſaiſons de l'année orientale , ſont diviſées
en trois parties par des calices de productions ,
& dont celui qui forme le bas de chaque colonne produit une ramification qui entortille le
fût (19). On en voit qui ne ſont formées que
par de larges feuilles , qui ne s'entr'ouvrent
que pour faire appercevoir la colonne ſous un
aſpect ſymbolique & relatif à l'Agriculture.
La Carie & la Phrigie nous en offrent qui ne
ſont ornées que de guirlandes & de feſtons.
La Perſe en préſente , qui , ornées de feuillages émaillés , ou peintes en bleu , parſemées
de verdure , quelquefois même enrichies de
quelques fruits dorés , déſignent non ſeulement les productions de la terre , mais même
les tréſors que procurent ces mêmes productions. On y voit auſſi des colonnes rayées de
rouge , en forme de cannelure , couleur qui
répond à celle des temples Indiens ; on en

voit également qui font peintes de toutes couleurs, comme la robe d'Ifis, qui défignoit la
nature.

Dans le nombre des colonnes qui étoient
ifolées, & dont l'ufage, felon Pline, eft de
toute antiquité, la plupart étoit couronnées
par des pommes de pin ou des pommes de
grenade ; les unes portoient des globles ou des
hémifphères, comme celles que fit élever
Moïfe, au rapport d'Appion le Grammairien ;
celles du Mexique portoient la figure du foleil
& de la lune, comme celles de Nimrob, &
celles que cite Hérodote fur le Lac Mœris.
On en voit encore à Hildeshain, au rapport
de Pocoke, qui portoient l'emblème de l'aftre
du jour, fous le nom de *Jo-Mégal* (20). Les
colonnes de Cypre étoient furmontées de
lions, tandis que celles de Perfépolis offroient
des fphinx ailés, ayant fur leur tête la couronne de Cybèle. On voyoit des colonnes
couronnées par la figure d'un nombril, forme
fous laquelle on honoroit Vénus. Les colonnes répandues dans les cirques étoient furmontées par des œufs, emblèmes de Caftor &
Pollux ; objets qui répondent à la même férie.

L'Egypte nous offre encore des exemples
de fes monuments ifolés, & fur-tout aux environs de Canoppe ; la Paleftine nous préfente
la colonne appelée Ab-falon, & celle nommée *Ammoniade* fur le Mont Liban. On voit
encore les veftiges de celles de N-imrob à
Our-fa, l'ancienne Caliroë, comme fur le
Mont Iffus on voit celle de Jou-nas, furnom
de Jupiter (21).

Les colonnes près de Damas, couvertes de caractères comme celles de Cappé-Mallo dans la Syrie, & celles de Céfarée de Cappadoce ; enfin la colonne d'Apollon, près des Roches Cyanées, celles de l'hypodrome de Byfance, celles qu'on nommoit *hyppios* & *agoraïos*, près d'Athènes ; celle de Suzanne ou Suze, dont parle l'Ecriture, feroient des preuves convaincantes de l'exiftence de ces monuments ifolés, fi l'Afie & les Indes n'en offroient de femblables, fi la Perfe, au rapport de Corneille de Bruine, n'en préfentoit également. Les colonnes ifolées étoient encore un *ex-voto* parmi les Romains : les minarets répandus aujourd'hui dans tout l'Orient, ne font que des efpèces de colonnes votives ; on voit des minarets dans les ruines d'Herculanum, & Thaut-minareft eft encore l'une des épithètes du foleil parmi les peuples Indiens (22).

Après ces exemples, comment nos Antiquaires ont ils pu fe refufer à l'évidence fur l'origine de la colonne ? Que pouvoient fignifier à leurs yeux celles qui font à jour & en forme de trépied, couronnées par un fphinx, qu'on voit dans les ruines d'Herculanum ? Que penfoient-ils encore en voyant des oifeaux dont les ailes & les pattes font en feuillages, faire la fonction de colonne & fupporter des entablements ? Comment pouvoient-ils arranger, avec le fyftéme barbare de piliers de cabane, cette tête de lion, qui feule fert de pilaftre dans les veftiges de Palmyre, ainfi que ces poiffons qu'on voit fur les médailles fupporter le faîte d'un temple maritime ; enfin, avec ces colonnes

ou

ou pilaſtres ſur leſquels on voit des figures en ſaillie, ſoit de ſphinx, ſoit de bœufs ou de chevaux, ſymboles du ſoleil parmi les anciens peuples ?

On ne croiroit qu'à peine que pluſieurs s'étoient trompés juſque ſur la forme des colonnes, & qu'ils avoient cru qu'elles étoient ovales dans les veſtiges de Magnéſie, de Melaſſo, & du temple d'Alabandus, ſans s'appercevoir que c'étoient des demi-colonnes adaptées ſur les deux côtés des pilaſtres ou piliers carrés. On voit des exemples de ces demi-colonnes dans les veſtiges de Tortoſa, & de l'édifice antique que Pocoke appelle *le Château de Mercab*. Croiroit-on qu'en ſe demandant d'où pouvoient dériver les colonnes carrées, ils n'avoient pas apperçu qu'il en exiſtoit de triangulaires dans l'Egypte & la Nubie ?

Baſes & Piédeſtaux. Lorſque les anciens mirent des baſes ſous les colonnes, elles ne purent d'abord que participer des ſymboles agricoles ; lorſqu'au contraire le ſol lui-même ſervoit de baſe, l'antiquité exprimoit par-là que la colonne étoit l'emblème de la fécondité ; ils feignoient quelquefois de la faire naître parmi les productions de la terre, en ſculptant par le bas pluſieurs tiges de plantes, ou en la faiſant paroître comme ſi elle y prenoit racine. On la voit ſortir d'un vaſe dans pluſieurs circonſtances, des ruines d'Herculanum, comme on y voit un piédeſtal, qui ne s'élève de terre que couvert de feuilles, & de cauliſoles ſemblables à celles du chapiteau Corinthien. On voit

B

en Egypte des colonnes , dont le bas taillé en cul-de-lampe , eſt enveloppé comme un gland par des feuilles de lothos, de papyrus , ou de nymphée ; & tandis que les baſes qu'on voit à Perſépolis ne font qu'une eſpèce de vaſe renverſé , mais orné de traits & d'ovaires ; celles de Mellaſſo & de pluſieurs veſtiges dans la Phrygie, répondent à la même ſérie, quoiqu'on les ait priſes pour des chapitaux renverſés. La Moſquée Atter-Ennabi, à demi-lieue du Caire, préſente des baſes ſemblables (23).

Comme on ne ſoupçonnoit aucun génie ſymbolique dans tous les monuments de l'antiquité , les Artiſtes & les Voyageurs ont pris pour un effet de caprice, ce qui ne ſe rapportoit point aux édifices de la Grèce , & aux prétendus cinq ordres d'Architecture qu'ils ont admis de prédilection. Non ſeulement les baſes de colonnes qu'ils ont trouvées formées par des ſerpens entortillés, ſculptées en façon d'oſier ou de pomme de pin , ornées de plantes ſacrées, ou imitant les couronnes ; enfin, entièrement cannelées comme celles que l'on voit dans la Carie, leur ont paru des objets ſinguliers ; mais, ſelon eux , le comble de la bizarrerie ſe manifeſte mieux dans certains veſtiges , parce qu'on a mis, diſent-ils, des piédeſtaux ſur les colonnes ; ils n'ont pas cherché ſi ces piédeſtaux étoient des eſpèces d'autels, ou s'ils étoient deſtinés pour quelques ſimulacres, qui, émanés de la colonne , pouvoient la couronner (24).

Quelques Architectes ont dit néanmoins que ce qu'on appelle moulure, ſoit des baſes, foit des autres parties qui conftituent l'ordre d'Architecture, pouvoit dériver des lettres de l'alphabet. Ils approchoient de la vérité, mais enveloppée de nuages. Les lettres étoient hiéroglyphiques ; dans leur principe, elles peignoient, par leurs divers contours, les objets de la nature, & leurs rapports fymboliques : donc les bafes participeroient de ces fymboles. En effet, pourquoi les foubaffements des temples orientaux que cite Pocoke, feroient-ils compofés d'une efpèce d'architrave, & qu'au premier afpect les bafes fembleroient des chapiteaux renverfés, fi l'antiquité, qui éleva ces monuments religieux, n'avoit eu en vue aucun emblême (25).

Chapiteaux. C'eft dans la forme des chapiteaux que l'antiquité s'eft furpaffée, tant par la multiplicité des emblèmes & des fymboles dont elle a fait ufage, que pour défigner la marche graduelle des connoiffances humaines, & caractérifer en même temps les divers monuments; c'eft fur les attributs qui peignoient la munificence de l'Etre fuprême, fur les befoins de chaque contrée, que portoient les types & les allégories ingénieufes qui conftituoient ce membre d'Architecture : les chapiteaux exprimoient les caufes de la nature & le génie de chaque peuple. C'étoit le livre des anciens, lorfque des hiéroglyphes ne couvroient point la colonne. Tout fe rapportoit à l'inftruction publique : des Artiftes n'ont confidéré le chapiteau que comme émané du hafard, & forti d'un coin de bois. Quelque intérêt particu-

lier les avoit égarés, & formé leur cerveau à
la ftupidité.

Le nom de chapiteau, qui ne peut dériver
que de *caput*, eft la feule dénomination parmi
les termes d'Architecture, qui puiffe ramener
à une origine. En effet, la colonne que nous
avons vue terminée par une tête quelconque,
lorfqu'elle étoit ifolée, demeura fouvent fous
la même forme, quoiqu'employée comme fupport. On voit des colonnes en Egypte, dont
la tête d'Ifis, qui défignoit la nature, fait les
fonctions de chapiteau; on en voit qui, à l'inftar des trépieds, ne font formés que par trois
têtes réunies.

Souvent le chapiteau n'eft orné que de plantes falutaires & confacrées au foleil; tantôt il
n'eft formé que par la maffue d'Hercule, emblème de l'aftre du jour, ou enfin par le bâton
du dieu Pan, divinité qui fignifioit *tout*; tantôt
c'étoit un vafe ou une corbeille imitant le boif-
feau de Séraphis ou *Ser-apis*; tantôt ce font les
productions les plus efficaces à la confervation
& à la fubfiftance, qui terminent la colonne
& décorent le chapiteau : tout, dans fa conformation, exprime les bienfaits du Ciel & le génie
agricole (26).

Ici ce font des cornes d'abondance, & une
étoile entre deux, qui compofent le chapiteau.
Quelquefois, au lieu d'étoile, c'eft un croif-
fant, une flamme, ou enfin, la figure de Pan.
Là, deux taureaux, & le foleil au milieu, forment un autre chapiteau, qui ne fauroit mieux
exprimer l'Agriculture. Si l'un préfente le caducée de Cybelle ou de Mercure, l'autre n'eft

compofé que de dauphins & d'un trident, pour défigner l'abondance que produit le commerce des mers. Tantôt les chapiteaux font ornés de cannelures, pour défigner les fillons de la terre, lit nuptial de Jafon; tantôt des caractères hiéroglyphiques couvrent le chapiteau; tantôt des peintures émaillées le décorent & retracent fur lui, par des fymboles ingénieux, la fécondité de la terre (27).

On voit dans les ruines d'Herculanum naître des chapiteaux fur la tête d'un fimulacre, dont les cheveux ne font que plantes ou productions; le plus fouvent le chapiteau n'eft formé que par un vafe ou une couronne fur la tête d'un fimulacre. Ce qui conftitue la férie des doubles chapiteaux qu'on apperçoit dans certains veftiges, & tandis qu'on voit des pilaftres qui n'ont ni bafe ni chapiteaux, pour répondre aux fupports de quelques excavations fouterraines, les veftiges de Nébi-Abel nous offrent un chapiteau continu fur tout l'édifice, tant les monuments de l'antiquité font fymboliques & diverfifiés (28).

Entablement. Diverfes féries ont conftitué l'entablement des édifices; les colonnes liées entre elles par un bandeau continu, fur lequel étoient tracées les obfervations aftronomiques, puis couronnées par de larges pierres qui offroient des plafonds étoilés fur un champ d'azur, ou qui peignoient les révolutions céleftes, fi néceffaires à connoître parmi les peuples laboureurs, furent le premier but de tout

ce que porta le fimulacre colonne, & l'origine
de ce que nous nommons entablement (29).

Ce bandeau, qui couronnoit les colonnes,
portoit encore, parmi les Grecs, le nom de *Zoo-*
phore ou *Zodiaque*, foit à caufe des fignes que
l'on tailloit deffus, foit parce qu'il entou-
roit l'édifice, dit Pocoke, comme le Zodiaque
entoure le Ciel. C'eft ce même bandeau qui,
au temple d'*Ofiris - Mendues*, formoit un cercle
d'or de trois cent foixante coudées, pour
repréfenter les jours de l'année & indiquer les
principales étoiles qui fe levoient ou fe cou-
choient chaque jour (30). C'eft ainfi que plufieurs temples de Banians préfentent des fignes
aftronomiques, comme la Pagode de *Verda-*
Petha, au cap Commorin; c'eft ainfi que les
Mofquées de la Perfe & de l'Indoftan préfentent les mêmes fymboles.

Selon la différence des climats, & le génie
des divers peuples, après que les connoiffances
fe furent propagées, après que les hiéroglyphes
ne couvroient plus les monuments; enfin, après
que la colonne fut devenue plus fimple dans
fes formes, l'on admit quelque autre mode dans
les conftructions; l'entablement, pour mieux
exprimer l'origine des colonnes, n'en devint
lui-même que plus fymbolique : emblème du
firmament, d'où l'on avoit puifé les Divinités
allégoriques, il fut placé fur la tête de Jupiter,
de Pan, &c., foit qu'ils fuffent dépeints moitié
colonnes & moitié fimulacres, afin, fans doute,
qu'on ne perdît jamais de vue ces rapports.
On voit des exemples où l'un de ces fimulacres ifolés, & couronné par un entablement,

formoit un autel, ou défignoit un *ex-voto* de la contrée (31).

La foudre, défignant l'atmofphère, n'eft-elle pas repréfentée fur les plafonds que nous nommons *fophites*? Ceux de Palmyre ne repréfentent-ils pas les planètes perfonnifiées, compofant l'Octave célefte, & entourées par les fignes du Zodiaque, & l'un d'eux n'offre-t-il pas un aigle fur un fond étoilé, où l'on diftingue fept globes de diverfes groffeurs? Le temple du foleil, à Balbec, ne retrace-t-il pas toutes les Divinités fymboliques dans ces fophites, & n'y voit-on pas encore un aigle qui tient dans fes ferres un caducée fait en forme de clef; emblème de l'année, de celui qui l'ouvre & qui la ferme? *Jao*, *Fohy*, *Sytha*, *Brama*, *Mitras*, *Janus*, *Hermès* ou *Mercure*, &c., tout défignant le foleil, ne font-ils pas par-tout repréfentés tenant des clefs dans leurs mains? l'aigle n'eft-il pas le fymbole de Jupiter & de l'aftre du monde (32)?

Le caducée, la lyre & les trépieds n'ont-ils pas, en fe fuccédant, remplacé les fignes du Zodiaque fur la partie appellée *frife*? Ne voyoit-on pas des lyres au temple d'Apollon? Les veftiges de Melaffo, que cite Pocoke, ne préfent-ils pas des trépieds, ainfi que ce petit temple d'Hercule à Athènes, qu'on nomme improprement lanterne de Démofthènes? Les gouttes ou larmes qui couronnent & terminent ces trépieds, que nos modernes appellent triglyphes, ne répondent-elles pas à ces rofées céleftes, fur lefquelles l'antiquité s'émerveilloit? C'étoient les larmes d'Ifis, les Hyades,

B iv

les Conſtellations pluvieuſes, nourrices de Bacchus ; & ne voit-on pas ſortir des larmes de la colonne même, dans un enlèvement de Proſerpine, Déeſſe de la *fécondation*, publié par Montfaucon (33).

La friſe des anciens monuments offre juſqu'aux travaux d'Hercule, comme on le diſtingue ſur ce petit temple d'Athènes que nous venons de citer. Si ſur l'une les aſtres ou les planètes n'y ſont exprimées que par un Chandelier à ſept branches, tenu en équilibre par un emblème de la Divinité, on voit ſur une autre ce principe d'activité, regardé par les Poëtes comme le lien & l'ame de l'univers, le créateur de la forme, du mouvement & de la vie, enfin, Cupidon, fils du père de toutes choſes, qu'Orphée appelle le premier né, & *Platon*, le plus ancien des Dieux. Repréſenté comme enfant, pour marquer la jeuneſſe éternelle du monde, il paroît ſur les monuments, travaillant à l'agriculture, ou ſoutenant des productions, ou enfin il terraſſe des géants, pour exprimer les combats du travail contre l'oiſiveté. On y voit juſqu'aux heures ou époques du temps perſonnifiées, ſe diſputer & ſe vaincre pour exprimer l'emploi du temps.

Si ce n'étoient des types & des ſymboles agricoles, que les anciens retraçoient ſur leurs monuments, que ſignifieroient dans la friſe, des ſphinx, des ſerpents, des dragons, enfin, des bœufs & des lions, dont la moitié du corps n'eſt quelquefois que production de la terre

(34) ? Que fignifieroient des Cupidons , dont les ailes & les pieds ne font que plantes ou feuillages ? L'antiquité vouloit-elle infulter à la Divinité , & induire en erreur la Poftérité , en ne couvrant que de caprices & de chimères fes monuments religieux ? Non ; que le vulgaire fe laiffe perfuader par quiconque a inté-rêt à perpétuer l'ignorance & la ftupidité ; les hymnes qui nous reftent de l'antiquité, prou-vent l'idée fuprême qu'elle avoit du Créateur du monde, & le rapport qu'elles avoient avec ces mêmes fymboles. Pourquoi blâmeroit-on les métaphores ingénieufes ufitées parmi les anciens ? N'étoient-elles pas en ufage, dit le P. Montfaucon, parmi les Chrétiens du haut & du moyen âge ? Les Grecs les employoient encore dans le dixième fiècle de notre Ere (35).

Ce qu'on appelle corniche , dans les monu-ments anciens, n'eft pas moins fymbolique, felon que la frife eft plus ou moins caractérif-tique, qu'elle eft ornée de confoles allégori-riques, comme celles de *Balbec* ; felon qu'elle renferme des globes portés fur les ailes du Temps, emblème de l'éternité; ou qu'elle eft ou-vragée de cannelures, comme celles qu'on voit dans la Carie; enfin, felon qu'elle renferme des *Hermès* foutenant des feftons & des guirlandes, & qu'on a pris pour des momies (36); qu'elle préfente des têtes de bœuf , ou qu'elle eft or-née de têtes de *Médufe*. Dans ce cas, la cor-niche offre une conformation plus ou moins relative : fouvent elle eft furmontée d'un atti-

que, qui rend par ſes ſymboles ce que la friſe
n'exprime pas (37).

C'eſt ainſi que l'attique de cette ſuperbe
colonnade que l'on voit à Teſſalonique, préſente, par ſes bas-reliefs, des ſimulacres allégoriques des aſtres du jour & de la nuit, preſque ſemblables à ce fragment trouvé en Egypte
par Nordem, près de la ville d'Edfu. C'eſt
ainſi que, pour répondre aux conſoles de Balbec,
la corniche préſente au deſſus d'elles un membre
d'Architecture taillé en façon d'oſier, relatif
à ſes corbeilles myſtérieuſes d'Iſis, de Cérès,
& d'Hélène. Ce que nos Architectes appellent
denticule, porte ſur cet oſier ſi bien repréſenté. Ce mot deviendroit ſymbolique, ſans
qu'ils s'en fuſſent doutés, puiſque l'agriculture
nourrit l'eſpèce humaine. Ce membre, au lieu
d'un ratelier de dents, ne préſenteroit-il pas
la couronne de Cybelle renverſée vers la
terre (38)?

Les ovaires entremêlés de traits, que nous
voyons orner les corniches & quelques autres
parties d'Architecture, ne ſuffiſoient-ils pas
pour dévoiler le génie des monuments, puiſque l'antiquité a chanté ces œufs ſymboliques,
conſidérés comme l'emblème de la fécondité,
& de l'auteur de la Nature qui produit tout ?
Les Poëtes firent naître d'un œuf les Divinités
allégoriques ; & l'on voyoit des œufs, dit
Pauſanias, ſuſpendus à la voûte du temple
d'Hilaire & de Phœbé. Les traits ou dards
qui ſont mêlés parmi ces ovaires, peuvent-ils
exprimer autre choſe que les rayons de cet

aſtre du monde, ame de toute végétation ? Les monuments anciens préſentent ſouvent le ſimulacre du ſoleil, tenant une pique renverſée.

Frontons. Si l'on voit ſur les monuments d'Architecture ce que les Savants conviennent ſouvent avoir été les attributs de la Divinité parmi les anciens peuples, pourquoi le triangle, qui en étoit l'emblème particulier, n'auroit-il pas été placé ſur la face des temples ? Pourquoi eût-il été oublié ſur les édifices ſacrés, puiſque des villes, des baſſins & des ports n'avoient la forme triangulaire, que parce qu'ils étoient conſacrés à l'Etre ſuprême ?
Cependant nos Artiſtes prétendent que cette forme triangulaire, qu'on voit ſur les temples, & qu'ils appellent fronton, déſigne le bout du toit de la première chaumière ou le ſommet d'une tente. On pourroit leur demander pourquoi l'antiquité auroit imité de pareils objets ſur le marbre & ſes ſuperbes monuments ? pourquoi, ſur les médailles, on apperçoit des frontons d'une colonne à l'autre, & qu'on y voit des péryſtiles qui ſemblent couronnés par un triangle, étant adoſſés contre un temple pyramidal ? pourquoi les frontons ſont couverts de ſculptures ſymboliques, toujours relatives à l'agriculture & à la coſmogonie ? pourquoi il y en a de mixtes ou circulaires, qui répondroient au triangle ſphérique ? enfin, pourquoi l'antiquité plaça des frontons ſur les croiſées, ſur les tabernacles, & ſur les quatre faces des temples ?

Les propriétés miraculeufes du triangle, d'ailleurs placé en forme de difque fur le front
du bœuf Apis, fur le fphinx, & même fur les
fimulacres des Indiens, n'ont-elles pas été
célébrées fans ceffe par les peuples de l'an-
quité?

Ceux qui, d'après nos affertions, rejette-
roient tout fymbole & toute allégorie dans
les monuments anciens, devroient nous expliquer ce que fignifient tous ces objets divers, ainfi que ceux qui terminent les édifices
défignés par eux fous les mots *acroteres* &
amortiffements ; car on voit des entablements
couronnés fur les angles par des plantes diverfes, & notamment le lothos & la nymphée,
comme on en voit fur les frontons des médailles
& fur ceux des croifées & des tabernacles de Palmyre : pourquoi des vafes, des cornes d'abondance, des fphynx, des taureaux, des cygnes,
moitié poiffons, ou dont le corps fe termine
en productions de la terre, forment-ils le faîte
de plufieurs temples ? pourquoi un fphynx,
ayant le corps d'une grenoüille, & portant un
vafe fur la tête, couronne-t-il une efpèce
d'autel, ou colonne trépied, dans les ruines
d'Herculanum ? pourquoi des dauphins, des
nageoires de poiffons, & même jufqu'aux
dents de celui que les Indiens nomment *fafi-
foko*, terminent-ils, parmi ces peuples, des
monuments religieux (*39*) ?

Ces objets défignoient-ils que les monuments étoient confacrés à la Divinité qui
préfide fur la terre & fur les eaux, ainfi que
nous voyons les Divinités fymboliques être

tantôt agricoles & tantôt maritimes ; ainfi que nous voyons la Cybele d'Antioche appuyée fur un rocher & fur un triton, & que le fimulacre appelé *krodo* par les choniques Saxones, portoit un pied fur une pierre agricole, & l'autre fur un poiffon. Quelles facultés avoit-on découvert à ces objets fymboliques, qu'on employoit pour attributs de la Nature & de fon Créateur, & qu'on répétoit fans ceffe? Ces objets étoient-ils utiles à connoître?

Seroit-il pour nous plus glorieux de croire que l'antiquité vouloit faire peur aux enfants par la Cybelle ou la Diane d'Ephèfe, qui, à l'inftar de l'Ifis des Egyptiens, eft couverte de bœufs, de griffons, de fphynx, d'aigles & de lions, mélés parmi des cruftacées, des infectes & des mammelles fans nombre ? Vaut-il mieux croire que les têtes de Médufe, coiffées de ferpents, les hydres, les harpies, les dragons, jointes aux fquelettes des têtes de taureaux, n'étoient retracées fur les temples que pour fervir d'épouvantail, ou faire avorter les femmes, que de reconnoître dans ces fymboles quelque férie hyérogliphyque des temps primitifs, dans lefquels le génie du feu ne pouvoit être dépeint que par des formes terribles; l'éternité, par des ferpents qui fe renouvellent eux-mêmes; les épidémies, les fléaux du befoin, par des monftres affreux (40) ?

Les interprétations allégoriques, fouvent ramenées à l'Hiftoire, ne deviennent-elles pas préférables à l'idée des maffacres des peuples

& des nations, & à ces abominations qu'on nous dit avoir été pratiquées fur la terre, dans des temps & par des motifs que rien ne fauroit juftifier, mais qui, vues fous l'afpect fymbolique, défignent des époques écoulées, & cenfées détruites par le temps, ou des récoltes, parure de la terre, facrifiées aux befoins des hommes? L'état des mortels ceffe alors d'être humiliant ; tant pis pour ceux qui, voulant paroître moins odieux, auroient befoin de prêter aux anciens peuples des actions révoltantes.

Les faftes, les hymnes, & tout ce qui émane de l'antiquité, prouvent que c'étoit fous la forme du bœuf, du lion, ou celle d'un courfier fuperbe, qu'elle dépeignoit l'aftre du jour, & même celui de la nuit, & que ces repréfentations fe rapportoient à l'agriculture. Alors, au lieu de confidérer fur les anciens monuments les marques d'une boucherie affreufe, je me plais à reconnoître Bacchus, Ofiris, Aftarté, &c. ; dans les têtes de bœuf ou de taureau qu'on y voit repréfentées, je confidère également la tête de Médufe, qu'on y retrouve fréquemment, comme l'emblème des monuments agricoles, puifque la poéfie lui faifoit tout changer en pierre. J'aime à penfer que dans les têtes de fphynx ou de lions, qui fervent de gouttières aux anciens temples, l'une eft le fymbole de la Divinité qui donne les pluies à la terre, & que l'autre indique aux mortels que le foleil lui rend les mêmes eaux qu'il avoit acquifes par fa force attractive.

Les pyramides me peignent des monuments religieux, & les pierres dont elles font conftruites, compofées de coquillages pétrifiés, m'indiquent l'âge de la terre (41). Je me plais à trouver des temples, images de la reconnoiffance des hommes, où les autres n'ont apperçu que des tombeaux ; ils ont pris pour des farcophages jufqu'aux baffins qui fervoient pour les eaux luftrales.

Je trouve dans les images de Mitras, des idées métaphyfiques que les modernes ne fauroient trop approfondir ; & dans tout ce qu'ils ont confidéré comme Pénates ou Divinités, je ne vois, le plus fouvent, que l'emblème de quelque découverte utile. Je crois même qu'il exiftoit des féries de ces mêmes objets relatives à chacune des fciences.

Enfin, je confidère avec quel foin les deftructeurs des monuments ont fait difparoître de préférence tout ce qui, en pierre noire, dépeignoit quelque attribut de la Divinité, de même que ces fimulacres qui défignoient la fécondité propagée fur les quatre parties du monde. On ne voit que rarement des fimulacres qui offrent des cornes fortant de leurs épaules, de leurs reins, ou de leurs parties génitales, parce qu'ils fe rapportoient aux animaux emblématiques, qui, chez les peuples Indiens, expriment l'agriculture (42) ; je confidere avec quel foin aucune liturgie, aucune théogonie des anciens n'a pu fe montrer dans fon entier parmi les modernes Européens.

Cependant, comme je cherche à m'inſtruire, je renoncerai à toutes mes opinions, ſi les Savants, dont les lumières ſont déſirables, daignent m'honorer de leurs ſages avis, me promettant d'en profiter : ſi ceux qui ont écrit de leur profeſſion, avoient ſuivi cette marche, nos bibliothèques ſeroient moins volumineuſes, moins ſyſtématiques, & par conſéquent plus utiles.

J'ai l'honneur d'être, Meſſieurs, &c.

NOTES.

NOTES.

(1) *Page* 5. La fang ne circule dans le corps humain, à la connoiſſance des modernes, que depuis un ſiècle environ. Encore Fagon, pour avoir ſoutenu la circulation en pleine Univerſité, manqua-t-il de perdre la vie ; elle étoit cependant connue de la plus haute antiquité par les peuples de l'Inde, ainſi que Kempfer le met en fait. On prétend même que dans les Œuvres de Servet, il étoit queſtion de cette circulation. Quoiqu'il en ſoit, Hervée fut traité de fou lorſqu'il donna ſes diſſertations anatomiques du mouvement du cœur & du ſang, tant la médecine étoit ſoumiſe aux opinions reçues ! Helmont, manqua également perdre la vie, accuſé par l'inquiſition d'avoir appris ſon art par magie ; & Apon faillit à être brûlé, ayant été accuſé d'avoir appris des ſept Lutins les ſept Arts libéraux. Gronewelt fut mis aux fers à Londres, pour avoir écrit ſur l'uſage intérieur des Cantarides mitigées, connues des Arabes, employées contre la rage, & admiſes enſuite dans la pratique par Boerrhaawe & Méad. Les autres connoiſſances n'expoſoient pas leurs auteurs à de moindres dangers, puiſque Domicis fut empriſonné, par ordre d'Urbain VIII, pour avoir parlé de l'arc en ciel ; puiſque Galilée fut condamné à faire amende honorable, & que Ramus fut ſur le point d'aller aux galères, pour avoir dit qu'Ariſtote avoit publié bien des chimères. On ſait ce qui arriva aux inventeurs de l'imprimerie.

(2) *Page* 5. C'eſt ainſi que ſe perpétuent dans la capitale ces combles énormes qui écrasent les maiſons, & qui empêchent de faire ſolution lors de quelque incendie ; & que l'on conſtruit des cloiſons auſſi épaiſſes que des murs ; c'eſt ainſi que l'emploi du plâtre, au lieu de mortier, porte coup à la durée des voûtes, ainſi qu'à pluſieurs autres conſtructions ; & qu'on élève des étages en pierres de taille ſur une poutre qui, faute que les piliers ou doſſerets ſoient de niveau ou aſſez élevés, ne porte elle-même que ſur quelques cales épaiſſes ou quelques gravois. On a même banni les

C

efcaliers à vis, en ufage en Italie & en **Languedoc**, quoique
fouvent l'emplacement n'en permît pas de plus praticables.

On n'a pas cherché à fe procurer une brique légère &
d'une dimenfion plus commode, ainfi que le pratiquoient les
Grecs, & dont on fait des cloifons fur les côtes méri-
dionales de la **France** ; on n'a cherché aucun expédient
pour empecher que les plafonds ne pourriffent les plan-
chers, enfin, on n'a pas defiré fe rendre utile aux habitants de la campagne, en leur fuggérant des demeures
folides & peu difpendieufes, tandis qu'une tour, pétrie
de terre, a duré depuis **Annibal** jufqu'à **Pline**, tandis
que les habitations de la **Perfe** pourroient fournir des lumières à cet égard. Les bienfaits du Prince, répandus
avec profufion fur les Sciences & les Arts, n'ont cependant d'autre motif que l'utilité plublique.

(3) *Page* 7. Le Comte de **Caylus**, au fujet d'un
cachet Egyptien, planche 94, tom. 1ᵉʳ, 2 vol. *in*-4°.,
fe récrie fur ce que ces peuples n'ont pas découvert l'imprimerie, puifqu'ils en étoient fi près. Comment les anciens n'auroient-ils pas eu le même privilége que les
modernes, puifque **Fuft de Mayence**, pour l'avoir mife
en ufage en 1460, penfa être mis à mort. Cependant
on voit, par des bandelettes qui enveloppoient les momies, que plufieurs caractères y font trop femblables,
pour n'avoir pas été faits par la voie de l'impreffion, &
que les toiles imprimées font d'un ufage immémorial
parmi les Indiens.

(4) *Page* 7. On voit fur des monnoies publiées par
Montfaucon, & à la fabrication defquelles étoit cenfée
préfider **Junon-Monéta**, pour exprimer qu'elles étoient
fymboliques, on en voit dis-je, fur lefquelles eft la figure d'un bœuf, fymbole du labourage; il en eft de
forme triangulaire, ainfi que d'autres formes, qu'on
jetoit dans la fontaine de **Nîmes** en manière d'offrande,
au rapport du Comte de **Caylus**; & **Kempfer** a vu des
bagues au **Japon**, fur lefquelles étoient les fignes du Zodiaque.

(5) *Page* 7. Ce poids, trouvé dans l'ifle de **Scio**, a

été publié par le Comte de Caylus, voyez la planche 49 de ces antiquités.

A l'égard des sphynx qui forment les gouttières, Pocoke & plusieurs autres en ont trouvé sur les vestiges. Corneille de Bruine nous dit même que c'est de la figure de sphynx que dérive jusqu'à la forme de nos robinets. On en voit un qui est on ne peut pas plus symbolique dans les Œuvres du Comte de Caylus, planche 74, tom. 1er ; c'est un moissonneur qui a la tête faite en forme de marmite, & ayant une faucille à la main.

(6) *Page* 8. Denis d'Halicarnesse rapporte, d'après le Timée, que les Dieux Pénates étoient sous la forme d'un caducée de bronze, de fer ou de de terre. Ils étoient considérés, dit l'Auteur, sur les statues des anciens, page 97, comme les modérateurs de la nature ; & de qui dépendoit la félicité des campagnes. On les considéra aussi comme attributs de la Divinité, protecteurs des champs & des propriétaires de ces mêmes champs. De là, le Commentateur de Virgile, *Ænéides* 11, *adver.* 717. *ad usum Delphini*, fait dériver les Pénates de *p-œnus*, chose domestique & nécessaire. Il pouvoit les faire dériver d'*æneus*, ou *éneus*, le soleil, puisqu'ils désignoient les divisions annuelles de sa marche. Au reste, c'est sous la forme du caducée, disent les Chinois, que parurent leurs Dieux.

(7) *Page* 8. *Les outils destinés au labourage qui portoient, parmi les Grecs, les mêmes noms que ce qui sert au mariage ;* voyez le Monde Primitif de M. Court de Gebelin.

(8) *Page* 8. On trouve des vases sous la forme des Lares qui, parmi les Etrusques, contenoient les archives. On en voit sous la forme d'un cype, & qui, destinés au même usage, répondent à ce que dit Homère, qu'on ménageoit jusqu'à des armoires dans la plupart des thermes ou colonnies. On en voit sous différentes formes, entre autres, sous celle d'une corne, d'un épervier, ou faits comme une borne, ayant deux oreilles d'homme. La plupart étoient surchargés de symboles agricoles, ainsi que celui du trésor de Saint-Denis, & ces symboles retracent

C ij

le plus souvent la gradation des connoissances humaines. Tout ce qui nous reste de l'antiquité, & que présentent tous les monuments, est une preuve que leurs meubles, ou autres objets familiers, étoient empreints des mêmes symboles. Nous nous dispensons de citer toutes les gravures & les médailles qui les représentent.

(9) *Page 9.* On gravoit sur les colonnes, dit Manéthon, cité par Eusebe, le principe des sciences, les décrets des astres, & les instructions publiques. Les colonnes furent non seulement les interprètes de l'agriculture & celles des loix, mais elles retraçoient les plantes utiles, puisque dans ces temps on n'avoit d'autres secours que la pierre & le marbre pour instruire. Ces colonnes furent consacrées au culte divin, puisqu'elles étoient destinées à conserver le souvenir des évènements remarquables. Celles qu'on nommoit Betylles, représentoient les Dieux mêmes. Manéthon nous apprend encore que ces colonnes étoient renfermées dans les Syringes qui contenoient les archives sacrées, & qui faisoient partie des temples souterreins. On voit encore en Egypte de ces anciennes colonnes, & notamment dans une niche de porphyre, près de l'ancienne Sienne. On en conserve dans les mosquées du Caire, de Cypre, de Jérusalem, de la Mecque, & jusqu'à Soleure dans l'église de Saint-Ursin. On en voit dans plusieurs temples de la Syrie, & qu'on appelle colonnes de Simon Stilite, comme on appelle un pilier du nom de Paul dans l'église de Reggio, au rapport de Pocoke. Columelle nous cite des anciennes colonnes renfermées avec soin dans les temples des Etrusques. Ovide & Claudien nous en citent qui étoient en pierre d'aimant : Carthage & Cadix possédoient de ces anciennes colonnes.

(10) *Page 10.* On a rendu ces souterreins encore plus mystérieux parmi nous que parmi les anciens. On sait qu'il en existe à Lyon qui alloient répondre à divers monuments sur la montague de Fourvieres, ou peut-être au temple du soleil, ainsi que dans plusieurs autres contrées du Royaume. Mais on les a fermés à mesure qu'ils étoient découverts, sous prétexte qu'ils pouvoient servir d'asile aux malfaiteurs. Il falloit au moins nous instruire de leur

forme & des fymboles qu'ils pouvoient renfermer. Nous verrons en fon lieu ce que pouvoient être ces fouterreins organiques, qui alloient répondre à la ftatue de Memnon en Egypte; ftatue qui nous appartient, puifque ce Memnon n'a exifté fur la terre que comme colonne ou fimulacre. Les Grecs l'appellèrent Titon, & le firent amoureux de l'Aurore, fous prétexte que, par les fons que rendoit fa ftatue, il la faluoit tous les matins. Paufanias dit que Memnon venoit de Suze en Perfe, parce que le foleil fe lève à l'Orient. Suidas rapporte qu'il commandoit aux Ethiopiens, mais qu'il étoit né près de Suze fur le fleuve *Choufpas.* En effet, le foleil devoit commander aux Ethiopiens & à toute la terre. Il étoit fils du Roi de Troye, & frere de Priam; Himéra étoit fa fœur: enfin, il avoit le teint noir, & fut tué par Achille, en prenant le fens littéral de l'allégorie des anciens; mais l'aube du jour eft fille du foleil, qui eft Roi, ou T-roy, felon fon épithète; il avoit le teint noir, parce que fa colonne étoit de marbre couleur de fer, & en avoit la même dureté, au rapport de Pline, ou bien l'aube du jour n'a pas le teint du foleil du midi. Il eft tué par ce même foleil, puifqu'il fait oublier cette même aube qui le précède. Au refte, Diodore dit que Memnon étoit fils de Titon; qu'il avoit bâti avant les Perfes le Palais de Suze; & qu'il fut envoyé par Tentamus, Roi d'Affyrie, au fecours de Priam avec dix mille Ethiopiens.

On imagine bien que nous ne confondons point ces fouterreins avec les aqueducs immenfes que creusèrent les anciens, & qui mériteroient un ouvrage féparé.

(11) *Page* 11. La fable nous dit, que pour peupler la terre, Deucalion jetoit des pierres derrière lui. C'étoit cenfé les jeter derrière foi, puifqu'une terre fertilifée obligeoit, par fa population, de s'agrandir & de défricher de nouveaux terreins. Telle eft aufli l'alliance qu'ont les deux mots Grecs Laos & Laôs, qui fignifient peuple & pierre. Le livre d'Efther fait mention de ces monuments; & les Hébreux, tantôt agricoles & tantôt ne l'étant pas, brifoient, nous dit-on, les pierres dreffées: fans doute que l'agriculture feroit devenue indigne d'eux. Auffi, pour obvier à ces inconvénients, on les a fait

vivre de manne. L'Auteur du Traité des ftatues des an‑
ciens confidère ces pierres comme des monuments confa‑
crés au foleil & à l'agriculture ; il les appelle des fym‑
boles , & veut même que la tour de Babel ait des rap‑
ports à ces premiers monuments de l'union originaire,
(pages 13 , 18 , 28 & 168). On voit encore de ces
pierres agricoles dans l'Abiffinie fur les rives du Nil , près
des ruines de Sienne , & vis-à vis l'ifle de Philé. On en
trouve près de Bérite en Phénicie, fur les rives du Méan‑
dre , près de l'ancienne Damaftris , & même près de
Hambourg, qui font de granit gris , tandis que celles de
la Bithinie font de forme cylindrique. On en diftingue
dans les ruines d'Herculanum, fur les fragments de la
petite pyramide, publiée par le Comte de Caylus, ainfi
que dans les hyérogliphes qui font dans les grottes de
Tchabel-Effelcelle, que donne Nordem. On en trouve
en guife de thermes dans Montfaucon, & qui femblent
former une croix, pour répondre aux quatre élements
ou aux quatre points cardinaux ; & Pocoke a trouvé des
ftatues qui tenoient des croix, fur les ruines de Thèbes.
L'Afie , les Indes & la Chine offrent de ces pierres
agricoles : Paufanias dit que de fon temps on en voyoit
jufqu'à trente qui annonçoient la première antiquité :
Cupidon étoit adoré fous la forme d'une pierre brute ;
Mitras, ou l'Agriculture, difent les Perfes, étoit né d'une
pierre, felon le rapport de Montfaucon ; enfin, Niobé,
changée en pierre, felon Homère, ne peut fignifier
qu'une contrée fertilifée, puifque ces pierres agricoles en
étoient l'emblème. On fait qu'une pierre à Peffinunte
étoit appelée *la mère des Dieux*, & que Betyle défignoit,
parmi les Phéniciens, des fimulacres & des pierres agri‑
coles ; qu'enfin, le fimulacre du foleil élagabale n'étoit
qu'une pierre ronde par le bas, & de figure conique, de
couleur noire, avec quelques boffes ou quelques figures,
dit Montfaucon, page 120, tome 1er, fur le rapport
d'Hérodien.

On avance une finguliere affertion au fujet de ces pierres :
Pocoke, le Comte de Caylus & quelques autres Ecri‑
vains ont dit qu'elles tenoient leur origine des momies ;
c'eft elles, difent-ils, qui auront donné l'idée des hermès,
ou figures à gaînes. Il s'enfuivroit que les morts auroient
enfeigné les vivants.

(12) *Page* 11. On voit des autels Egyptiens avec des chapiteaux doriques; on en voit dans les ruines d'Herculanum, qui se terminent par une espèce de chapiteau ionique renversé. Au reste, Montfaucon cite les douze autels à Janus, comme dédiés aux mois de l'année, ainsi que les sept autels de Mitras, comme dédiés aux planètes, sans nous dire les raisons qui auroient obligé les Athéniens à dédier un autel à la Calomnie, & un autre à l'Impudence; ce qui n'est pas à présumer de la part d'une République aussi sage.

(13) *Page* 12. Cette statue, dit l'Auteur sur les statues des anciens, page 184, fut trouvée dans une caverne obscure lors de la conquête de cette isle.

(14) *Page* 13. On voit de ces pierres ou autels dans Montfaucon, qui, selon lui, étoient dédiées à l'Abondance, ou à la Fortune, appelée *mammosa* ou aux *mammelles*. Voyez le tome 1er de ses antiquités. Ces autels étoient le symbole de l'agriculture.

(15) *Page* 13. Pour les pilastres de Nebi-Abel, voyez Pocoke, page 344, tome 3. 6 vol. *in-12.*

(16) *Page* 13. Voyez Montfaucon, tome 1er, planche 215, où il donne un fragment du simulacre trouvé près d'Avignon, semblable à celui trouvé à Rome, près de l'église de Saint-Pierre & de Saint-Marcellin, où l'on voit une figure entourée d'un serpent, telle que l'étoit la Déesse Isis, ainsi que la Déesse que l'on nommoit *Hygiea.*

(17) *Page* 13. Pausanias cite des colonnes auxquelles on adaptoit de petites mains & une forme de tête, pour représenter Jupiter & Diane; il en cite une entre autres faite en airain, qui avoit trente coudée de haut.

(18) *Page* 14. On voit sur le plafond d'une grotte égyptienne une figure avec de grandes ailes qui lui descendent jusqu'aux pieds; & d'autres, à peu près pareilles, sur un petit cylindre, publiées par le Comte de Caylus. Au reste, l'antiquité donnoit des ailes à la première Vé-

C iv

nus & à tous les Dieux fupérieurs. Voyez Pocoke, page 283 , tome 1er ; & le Comte de Caylus, planche 9, tome 2 , 2 vol. *in-4*.

(19) *Page* 14. Les colonnes Egyptiennes font quelquefois divifées en trois parties, entre autres celles des temples de *Médinet Habu* & *d'Effenay*. La Perfe en offre de femblables. Les anciens réuniffoient quelquefois les colonnes trois à trois, à l'inftar des trépieds fi vantés dans l'antiquité. On voyoit à Tyr, dit Corneille de Bruine, page 180 & 316 , des veftiges où les colonnes étoient réunies trois à trois ; & l'on fait que les ruines de *Dandera* en offrent de pareilles Au temple du mois *Curus*, les colonnes divifées en trois parties , exprimoient le mois divifé en trois parties de 10 jours, & ces divifions étoient appelées *décans* parmi les Parfis Voyez les ruines d'Herculanum, page 263 , tome 2 , au fujet de ces colonnes qui forment trois parties réunies. Au refte, on voit dans Montfaucon des fimulacres, trois à trois , défignant les faifons orientales ; on les voit enfuite quatre à quatre, lorfque les Grecs eurent admis quatre faifons. Voyez Montfaucon, tome 1er , planche 90, 109 & 197.

(20) *Page* 15. Gemelly-Carery dit avoir vu, dans le Mexique , des fragments de ces figures qui furmontoient les colonnes. On en cite de femblables trouvées aux ifles Açores, lors du voyage de Chriftophe Colomb. Rogevin cite également des idoles trouvées dans l'ifle de Paques. Voyez l'hiftoire des Voyages, pages 25 , 211 & 212 , tome 44 *in-12* ; & page 220, tome 17 , *in-4°* ; ainfi que le voyage d'Ant. Herrera , liv. 1 , chap. 2 & 3.

(21) *Page* 15. La colonne appellée *d'Ab-falon*, d'ordre ionique, eft taillée dans la roche même. On a élagué enfuite le rocher d'alentour, pour la faire paroître. On en voit une autre pratiquée de même fur une roche de porphyre dans la Carie, au rapport de Pocoke, page 62, tome 3 , & page 100 , tome 5. A l'égard des colonnes de *N-imrob* , que cite Pocoke, page 474 , tome 3 , il eft bon de remarquer que les époques , parmi les Japonois , ou cycles de foixante ans , fe nomment *g-imrob*. Voyez Kempfer, pages 133 & 200 , tome 1er.

(22) *Page* 16. Il eſt des minarets de pluſieurs formes, & toute colonne qui contient un eſcalier pour arriver juſqu'à ſon ſommet, eſt un monument de la même ſérie. C'eſt ainſi que ſont les quatre colonnes qui couronnent le temple d'*Abdula* en Perſe, & qu'étoient ces colonnes de Smyrne, dont l'eſcalier facilitoit juſqu'à la communication des ſouterreins. Corneille de Bruine, page 129, cite un de ces minarets ſur la place d'Iſpahan, qui ſert, dit-il, à célébrer l'année ſolaire. On voit encore des veſtiges de minarets en Irlande, au devant de quelques égliſes, & qui ſont, m'a-t-on aſſuré, d'une élévation étonnante.

(23) *Page* 18. Voyez Nordem, page 57; & Pocoke, page 18, tome 1er; 167, tome 2; & 85 tome 5.

(24) *Page* 18. Pocoke trouve à Samos des baſes qu'il appelle extraordinaires, & qu'il ne décrit point : il cite trois ſtatues, Mercure, Minerve & Jupiter, ſur la même baſe; & dans les veſtiges de l'Egypte, il dit que les piédeſtaux, ſur les colonnes, étoient deſtinés pour des ſtatues. Voyez, page 269, tome 1er; & 405, tome 4.

(25) *Page* 19. L'antiquité, conſidérant les temples comme le poëme de l'agriculture, vouloit-elle exprimer ces rapports aux influences de l'atmoſphère; influences dont l'entablement étoit l'image ſymbolique, en le plaçant quelquefois pour ſoubaſſement de l'édifice? On ſeroit tenté de le croire, lorſqu'on voit des vaſes renverſés au deſſus des chapiteaux dans quelques veſtiges, pour déſigner que toutes les productions naiſſent de ces mêmes influences; ce qui répondroit à la ſérie des Divinités ſécondaires, priſes également dans les différents périodes de la marche du ſoleil, dépeintes quelquefois avec un vaſe ſur la tête; Divinités qui peignoient alors les cauſes ou les effets. On voit dans les ruines d'Herculanum, page 207, tom. 2, un chapiteau renverſé qui porte un ſimulacre, de la tête duquel ſortent des productions, & Nordem a vu des vaſes renverſés à Luxxor au deſſus des chapiteaux; & cite, au deſſus de la porte du temple de

Médinet-Habu, un oiseau qui porte un vase. Voyez pages 163 & 164 &c.; Pocoke, page 95, tome 5, au sujet des soubassemens des temples en forme d'architrave.

(26) *Page* 20. Voyez les ruines d'Herculanum, page 7 & 87, tome 1er on célébroit en Egypte la fête du bâton du soleil, le même qu'on voit entre les mains du Dieu Pan. Voyez le Comte de Caylus, explication de la planche 7 du second vol. Voyez Pocoke, pages 61 & 356, tom. 1er; & Nordem, page 131.

(27) *Page* 21. Voyez la planche 53, tome 2, du Comte de Caylus; voyez les ruines de Persépolis par Corneille de Bruine; où l'on trouve des chapiteaux de la même série. A l'égard du caducée, projection de l'écliptique coupé par l'équateur, il fut placé, non seulement dans les mains de Mercure, désignant le soleil; mais même dans celles de toutes les Divinités qui désignoient la terre, comme Isis, Cybelle, Vesta, Vénus, &c., afin de nous dépayser sans doute sur le symbole le plus frappant de l'antiquité, & qui marque que c'est par cette marche du soleil que viennent la richesse & la fertilité de la terre. On nous a dit que la bourse que portoit Mercure, désignoit qu'il étoit le Dieu des voleurs; épithète, sans doute, des peuples qui vendoient trop cher les productions de la terre. A l'égard des cannelures des chapiteaux, voyez Pocoke, page 83, tome 5; & Nordem, page 174, & le monde primitif à l'égard des sillons de la terre, lit nuptial de Jason.

(28) *Page* 21. Les canéphores du temple de Minerve-Poliade ont une espèce de chapiteau au-dessus de leur tête, formé par les productions de la terre. On voit également dans les ruines d'Herculanum une tête de laquelle sort un chapiteau en forme de couronne. On voit également des doubles chapiteaux sur des espèces de gaînes : quant à ce chapiteau continu qu'on voit sur les vestiges de *Nebbi-Abel*, voyez Pocoke, pages 344 & 396, tome 3.

Rien ne démontre mieux la corruption du texte de Vitruve, que l'histoire de Callimacus ou All-imacus,

foi-difant inventeur du chapiteau corinthien; Cambrai;
Villalpende, Leclerc & plufieurs autres Écrivains l'ont
regardée comme fabuleufe. En effet, le conte de nourrice, & le tombeau d'une fille vierge, qui, felon cette
hiftoire, fuggéra ce chapiteau, ne peut être qu'une allégorie mal digérée; car, d'une part, mourir vierge, dans
le ftyle fymbolique, n'eft autre chofe qu'être le dernier
dans une fuite d'objets du même ordre; & la nourrice,
au lieu de porter des aliments fur un tombeau contre
lequel étoit cru de l'acanthe, devoit venir au contraire
pour en cueillir; puifqu'Hippocrate, ainfi que Pline
le met en fait, dit que cette plante augmentoit le lait des
nourrices. Ceux qui préfidèrent, dans le quatorzième
fiècle, à la rédaction de Vitruve, auront mis un fens contraire à la fignification du texte, qui, au refte, a difparu
pour nous.

On attribue également à ce G-all-imacus, l'invention
d'une mêche d'amiante qui duroit une année, ce qui fe
rapporteroit au foleil, fur le compte duquel on mettoit
toutes les inventions comme Roi de la contrée. Cette
mêche feroit une copie de la lumière du temple de Jupiter Ammon, appelée perpétuelle par l'allégorie, &
avec laquelle on mefuroit, dit-on, les révolutions céleftes.

A l'égard de la nymphée, apelée acanthe, qui com-
pofe le chapiteau appelé Corinthien, on la trouve fur
tous les anciens monuments : on voit des harpocrates,
des vafes & des baffins antiques, deftinés pour l'eau
luftrale, qui en font décorés : on en voit fur les chapiteaux Egyptiens dans les veftiges de *Check-Abade*, l'ancienne Antinoé, au rapport de Nordem, page 130. On
en voit à Rama, comme l'obferve Corneille de Bruine,
page 224. Pocoke convient, page 164, tome 2, qu'on
voit en Egypte ce qui a donné aux Grecs l'idée du
chapiteau corinthien, & dit que ceux de la Carie & de
la Phrygie, quoique décorés d'acanthes, ne font pas
les mêmes que ceux de la Grèce; preuve qu'il exiftoit
de ces chapiteaux avant l'hiftoire de G-all-imacus, qu'on
nous dit avoir été Sculpteur. Enfin, Robert Vood, dit
que le corinthien qu'on voit en Grèce, femble pofté-
rieur à l'établiffement des Romains dans cette contrée. Il

refufe même aux Ioniens l'invention de l'ordre Ionique.

Il eft à préfumer que les anciens ne décoroient leurs édifices qu'avec les plantes utiles à la confervation, & qu'ils appeloient facrées. La nymphée fauvage, que les Arabes ont rettracée fur les monuments que nous nommons gothiques, offre une racine qui leur fervoit de nourriture, & dont les Mufulmans du Caire font encore ufage ; racine connue fous le nom de *corfium*. On voit encore fur des monuments la plante appelée *pafcalifa*, qui eft purgative, & que les Orientaux emploîent dans plufieurs maladies, au rapport de Pocoke, page 412, tome 4. On y découvre également la plante que les Arabes appellent *ofchar*, qui, parmi eux, eft dans la plus grande vénération à caufe de fes vertus pour la guérifon des plaies, comme l'obferve Nordem, page 207. La nymphée *colocafia*, fi bien repréfentée fur un monument Egyptien, qu'on conferve au Palais Barberini à Rome, étoit employée par les Phéniciens au même ufage, puifque le ftyle fymbolique dit, qu'*Hercule*, ou l'agriculture, ayant cherché long-temps un remède pour les plaies, découvrit cette plante fur les bords de la rivière *bellus*, près de la ville d'*Acre*, & que même le nom d'*Ake* dérive de cette aventure, ainfi que l'obferve Pocoke.

Combien feroit-il à défirer que les Botaniftes étudiaffent les plantes qui font rettracées fur les temples de l'antiquité; étude qui, felon quelques uns, forma Hippocrate lui-même. Le mot d'acanthe a donné fans doute le nom d'*Acanthus* à une ville fameufe de la Libye, puifque les contrées n'étoient diftinguées que par le nom d'une plante confacrée au foleil. Les Grecs, qui copioient tout, nommèrent également Achantus, une ville près du mont Athos en Macédoine, fans doute apres que les Elléens eurent pénétré dans la Libye, pour confulter l'oracle de Jupiter Ammon, ainfi que le rapporte Paufanias.

(29) *Page 22.* Il y avoit des temples couverts de pierres fi grandes, que Nordem, page 141, parle d'un temple couvert d'une feule pierre de foixante pas de long fur quarante de large; il en eft encore à *Komoubu* d'une grandeur prodigieufe, & qu'il cite, page 187.

(30) *Page* 22. On a pris cet édifice pour le tombeau d'un Prince ; non feulement on avoit envie de le confidérer fous cet afpect, mais même on prêtoit à la chofe ; car nos voyageurs ont tous cherché en Egypte ce qui, dans quelques bas-reliefs, auroit l'air d'une proceffion, afin de nous dire que c'étoit l'enterrement d'Offi-Mendués, c'eft-à-dire d'Ofiris-Mendès, le foleil, ame du monde. Qu'auroit de commun un tombeau avec un cercle d'or, qui marqueroit les jours & la marche des aftres ? C'eft pourtant avec le mot tombeau qu'on a abufé tous les modernes. Voyez Pocoke, page 174, tome 2.

(31) *Page* 23. On voit dans plufieurs monuments de l'antiquité de ces fimulacres en forme de colonnes, & qui fupportoient un entablement ifolé & profilé fur les quatre faces. Au refte, de quelque façon que fût la colonne, elle défignoit toujours un autel, parmi les Grecs & les Romains, lorfqu'elle étoit ifolée Il n'eft donc pas étonnant que douze colonnes ou autels, conftituaffent un temple au foleil.

(32) *Page* 23. Pocoke convient que l'aigle de Balbec défigne le foleil ; mais pour le caducée, il l'adapte au commerce, puifque Mercure, felon lui, en étoit le Dieu. Ce caducée, felon Montfaucon, défignoit la concorde & la conftance, chacun lui donnant une interprétation qui éloignoit du vrai fens. C'eft, au refte, près d'Antioche, dans un endroit appelé Ten-fin, que Pocoke a vu le tonnerre, tel que nous le repréfentons dans les mains de Jupiter, ainfi que fur les plafonds de nos édifices. Voyez page 8, tome 4.

(33) *Page* 24. On voit dans les ruines d'Herculanum des triglyphes reployés en forme de lyre ; & le temple d'Apollon à Délos offroit des lyres en place de triglyphes. Les Grecs (dit l'Auteur des Recherches Philofophiques, fur les Chinois & les Egyptiens, page 71, tome 2.) pillèrent les triglyphes des Egyptiens, qui, ne conftruifant pas en bois, ne pouvoient fignifier les bouts des poutres dans leurs édifices. En effet, à l'Orient de Larnac, dit Pocoke, page 171, tome 2, les triglyphes paroiffent continuer jufqu'au bas des autres membres d'Archi-

tecture; & Delorme, page 150, nous assure avoir vu des têtes de taureaux sur les triglyphes des anciens vestiges. Le texte de Vitruve dénote encore que les triglyphes étoient plutôt un symbole que le bout des poutres, malgré que le passage soit r'habillé à la moderne. Au reste nos Voyageurs ont balbutié sur une petite figure qui, assise, sur un trépied, semble planer dans les airs sur l'un des bas-reliefs de Persépolis; l'un a dit que c'étoit une ame, & l'autre, une chimère. Aucun n'a vu dans cette représentation l'année révolue, & pour laquelle on fait au bas un sacrifice expiatoire. Nous avons déja observé que les trépieds désignoient l'année, & que les triglyphes étoient la projection des trépieds. A l'égard de la colonne qui semble verser des larmes, voyez dans Montfaucon la planche 38 du vol. 1er.

(34) *Page 25.* Le lion fut le symbole du soleil d'été, comme la vache fut celui de la lune parmi les Perses. Hostanes fait des lamentations de ce que les Mèdes furent forcés de célébrer la fête du soleil sous la figure du lion, lorsqu'ils furent subjugués par les Perses. De là, nous voyons sur les monuments des lions tenant une flèche ou un dard entre leurs griffes; lequel dard est enveloppé des productions de la terre. Dans le frontispice de Néron, le lion est précédé de l'abondance, moitié figure humaine, & moitié productions.

(35) *Page 25.* Voyez Montfaucon, page 361, tome premier de ses antiquités.

(36) *Page 25.* Voyez la fin de la note 11e au sujet de ses momies.

(37) *Page 26.* Le mot *corniche*, dans nos dénominations d'Architecture, ne signifie rien. Dériveroit-il du mot *corne*, puisque nous trouvons dans les ruines d'Herculanum des temples couronnés par une grande corne placée verticalement, ou bien parce que cette partie d'Architecture est presque toujours ornée de têtes de taureaux? Quelle est encore cette analogie entre une couverture & une corne parmi les peuples du Languedoc, & quelques autres contrées de l'Italie & de l'Espagne, qui nomment

Bana ces deux objets? Quoi qu'il en foit, les Banians des grandes Indes ont fur leurs temples des cornes de taureaux ; & l'on voit dans les ruines d'Herculanum des cornes d'abondance qui terminent le faîte de plufieurs monuments. Nous avons annoncé dans la feconde lettre fur l'Architecture, page 18, que la tête d'un bœuf ou fes cornes, défignoient, parmi les anciens, l'agriculture & même la force des Empires, & que de là vint l'ufage de former les lyres par le crâne & les cornes de cet animal, puifque fur ces lyres on chantoit les trois faifons.

(38) *Page* 26. A Affife, dit Pocoke, page 396, tome 6, il y a des denticules jufque fur les piédeftaux des colonnes corinthiennes, comme on voit des denticules fur un impofte des veftiges d'Ephefe, & que donne Corneille de Bruine, page 31. On en voit fur plufieurs autres monuments, & même fur des autels, preuve que cet objet fymbolique n'avoit rien de commun avec le bout des folives que quelques ineptes croyoient découvrir dans la répréfentation du denticule. On voit même des autels dans les ruines d'Herculanum, tome 2, qui font terminés par des efpèces des créneaux, répondant à la couronne de Cybelle. A l'égard de ces confoles qui font au temple de Balbec, & qui fupportent cet ouvrage d'ofier, elles font d'une magnificence fingulière, & font toutes fous la forme de fimulacres agricoles.

(39) *Page* 28. Nous avons vu déjà jufqu'à des poiffons en guife de colonnes. Les médailles de Syracufe préfentent Cérès avec des poiffons autour de la tête, comme on le voit dans Montfaucon, planche 44, tom. 1er. Le mot de *fidon* dérive même de *fida*, qui fignifie poiffon, comme celui de bethfida ou bethfaïda, fignifie étendue d'eau, non une maifon de pêcheur, comme le dit Pocoke, page 255, tome 3. On fait que la Paleftine ufa des mêmes fymboles ; & l'Auteur du Traité fur les ftatues des anciens, page 18, met en fait, qu'à l'image du ferpent, ou du dragon, fymbole ufité parmi les Orientaux, ils avoient fubftitué un poiffon qu'ils appeloient Aftargatis. Dans les peintures qui ornent le temple de Sophia à Conftantinople, & qu'on a pris pour une répréfentation de la Cène ; nos Voyageurs femblent fe récrier

ſur ce qu'ils ont vu un poiſſon au lieu d'un agneau. On
diſtingue dans les bas-reliefs de Bambouch en Phénicie, l'ancienne Hiérapolis, une ¡Vénus portée par des
Génies aîlés, & dont le corps ſe termine en poiſſon.
On voit également des poiſſons entremêlés parmi les
hiéroglyphes dans leſquels on diſtingue auſſi des Centaures,
ſur l'obéliſque trouvé à Rome dans l'iſle du Tybre. Voyez
Pocoke, page 493, tome 3; & pag. 394, tome 6. Voyez
Kempfer, au ſujet de la dent du poiſſon appelé faſiſoko,
qui termine des temples ou monuments religieux parmi
les Indiens.

(40) *Page* 29. L'allégorie du ſerpent eſt de toute antiquité : elle étoit connue à Babylone, chez les Ethiopiens, chez pluſieurs Nations de l'Afrique, de l'Amérique & des Indes Orientales; & les idoles de la Chine
nous en préſentent encore des reſtes. Mendès & Pinto
ont vu des ſerpents de bronze au temple de Pocaſſar,
dédié à Thaut Minare: le Mercure Chinois a la tête d'un
ſerpent, ils l'appellent *fo-hi* ; c'eſt lui, diſent-ils, qui a
découvert le monument des Cieux. Manderlo & autres,
dans la diſcription qu'ils donnent des pagodes des Banians, nous citent les mêmes ſymboles. Voyez l'Auteur
des Recherches ſur les ſtatues des anciens, pages 18,
94 & 372, ainſi que Kempfer, page 126, tome 1er.

(41) *Page* 31. Voyez Pocoke, page 3, tome 2, au
ſujet des pyramides de Sacara, conformes à cet égard à
celles de Gige.

(42) *Page* 31. Ces ſimulacres, trouvés par Pocoke
aux environs de Balbec, dont nous avons déjà parlé, &
des épaules deſquels ſortent des cornes, ſe rapportent à
ces animaux emblématiques, qui, parmi les Indiens,
portent les noms de *givon*, de *jeſo*, de *tetſmaki*, ou
taut ſmaki, de *kirin*, de *kait-ſu*, &c., & qui tous ſont
l'emblème de l'agriculture.

CINQUIÈME
LETTRE
SUR
L'ARCHITECTURE,

A MESSIEURS de l'Académie Royale des Sciences & Belles - Lettres de Berlin.

PAR M. VIEL DE SAINT-MAUX,
Architecte, & Avocat en Parlement.

A PARIS.

M. DCC. LXXXIV.

CINQUIÈME LETTRE

SUR

L'ARCHITECTURE,

A MESSIEURS de l'Académie Royale des Sciences & Belles-Lettres de Berlin.

MESSIEURS,

S'IL est utile de connoître l'origine des Arts; si les recherches que je fais dans l'antiquité, pour y puiser les lumieres que les monumens d'Architecture peuvent nous donner; si les assertions, suite d'un travail pénible, peuvent mériter l'attention de Savans tels que vous, mes soins à cet égard ne me paroîtront point infructueux, & votre suffrage, lié à ces mêmes assertions, leur donnera de l'autorité.

Un seul livre suffisoit aux anciens peuples de la

A ij

terre; il contenoit les apperçus des Philoſophes
& des Sages ; il étoit l'ouvrage de pluſieurs gé-
nérations. Les vérités phyſiques & morales,
puiſées dans la Nature, avoient été leurs guides
fidèles. Heureux celui dont quelques remarques
étoient admiſes dans ces faſtes ſacrés ! il contribuoit au bonheur de ſes ſemblables. Ce temps
fut appelé l'âge d'or ; nul intérêt ne pouvoit
égarer ſes coopérateurs.

C'eſt ſans doute le renverſement des notions légiſlatives, que pluſieurs ſiècles barbares
ont amené, qui vous a determinés, Meſſieurs, a
demander dans un de vos Programmes, *s'il étoit
utile au Peuple d'être trompé, ſoit qu'on l'induisît
en erreur, ou qu'on l'entretînt dans les erreurs qu'il
peut avoir* (a).

L'intérêt particulier avoit tacitement réſolu ce
problème dans quelques contrées; mais s'étoit-
on demandé ſi l'Être ſuprême avoit créé l'eſpèce
humaine, pour abuſer des facultés que ſa bienfaiſance lui a prodiguées ; & s'il avoit diſtingué
parmi elle des êtres uniquement occupés à faire
diſparoître toute vérité, & à s'oppoſer aux
recherches qui peuvent y conduire ?

Cependant, dans cette foule d'objets que la
nuit du préjugé dérobe a nos yeux, feroit-il
un ſujet plus digne de nos recherches que les

(a) Pour ne pas interrompe le fil du diſcours, on a
renvoyé à la fin de l'Ouvrage toutes les notes, en marquant exactement les renvois qui les indiquent. Nous
obſerverons ſeulement dans celle-ci, que la queſtion de
l'Académie Royale des Sciences & Belles-Lettres de
Berlin étoit pour le Prix qu'elle devoit adjuger en 1780.

momunens qu'éleva le culte religieux? Peut-on se refuser à l'admiration & à la reconnois-sance envers nos premiers pères, qui, attentifs aux productions de la Nature, à ses richesses & à ses constantes variations, étudièrent les rapports entre les influences célestes & la fer-tilisation, & découvrirent jusqu'à la marche du firmament. Ces Peuples, instruits des fa-cultés innées de tous les objets, image des êtres créés qui servoient à leur langage hiéro-glyphique, ne purent que s'émerveiller sur la puissance du Créateur. Leur imagination ac-quit de la force, leur ame s'éleva à cette hau-teur à laquelle la foiblesse humaine lui permet d'atteindre, pour rendre hommage à celui qui fit de l'homme le roi de la terre.

Nous avons observé dans la seconde Lettre sur l'Architecture, quels furent les monumens qui servirent de point de réunion aux familles diverses, & qui constituerent les lieux destinés pour le culte (1). Un ombrage agréable & nécessaire dans les climats brûlans qui virent naître les Arts, un ruisseau ou une fontaine pour se désaltérer, accompagnoient & for-moient l'ensemble de ce lieu sacré, appelé *Paradis* dans les langues Orientales, mot qui signifie *fraîcheur & ombrage*.

Les formes des autels ou pierres votives, tantôt circulaires pour exprimer la puissance suprême & l'éternité, tantôt quadrangulai-res, pour répondre aux points cardinaux de la terre, ayant désigné les causes diverses de la Nature par les images dont ils étoient em-preints, parvinrent, ainsi que nous l'avons déjà obfervé, à former ce que nous appelons ordre d'Architecture , & conftituèrent les temples (2).

On pratiqua par la fuite des rainures dans les colonnes, pour recevoir une cloifon d'ofier tiffu , qui devoit former une enceinte; on en voit encore des exemples à Palmyre en Egypte, & en Ethiopie. C'eft fans doute ce qui donna l'idée des colonnes engagées dans l'épaiffeur des murs (3), comme les Divinités - colonnes , formant un autel ifolé , & couronnées d'un entablement, donnèrent l'idée des reffauts, que nous appecevrons quelquefois dans les corniches & les piédeftaux ; reffauts qu'on retrouve fréquemment dans les tabernacles des anciens.

Les temples , toujours fous le vocable d'une des caufes de la Nature , confidérées comme attributs du Créateur , exprimoient les effets phyfiques & moraux de ces mêmes caufes. Là forme du monument , fes peintures hiéroglyphiques , les objets fymboliques qu'il renfermoit , les plantes utiles à la confervation de l'homme, qui le décoroient & qu'on nommoit facrées ; enfin , ces temples diverfifiés d'une manière fi merveilleufe , qui caractérifoit le génie des peuples , & offroient aux yeux toute la richeffe des facultés humaines, n'ont paru aux modernes que des amas de pierres, tantôt confus & tantôt agréables par quelques dimenfions ; felon eux , le but de l'antiquité n'étoit à cet égard que de nous tranfmettre des repréfentations arbitraires & futiles : ne fe font-ils pas jugés eux - mêmes en motivant ainfi le génie de l'antiquité ?

En effet, par quel preſtige ou par quelle pareſſe d'imagination a-t-on pu ſe refuſer à cette analyſe intéreſſante des monumens de l'antiquité ? Comment ne s'eſt-on pas demandé à quel âge de la terre, à quelle époque des connoiſſances humaines, enfin, à quelle ſérie du culte & des monumens religieux tiennent toutes ces excavations taillées au ciſeau, & qu'on voit dans preſque toutes les montagnes & les rochers de la terre ; excavacations qu'Ovide préſente comme des temples formés par la Nature, que *la Déeſſe ordonne de reſpecter ?*

Les contrées orientales offrent de ces monumens qui ſont excavés juſque dans des montagnes de marbre & de porphyre ; l'intérieur de ces antres eſt ſouvent orné de peintures & de ſculptures allégoriques ; on y découvre auſſi diverſes images ſymboliques des objets phyſiques, que des recherches pénibles leur avoient fait découvrir. Tout annonce, dans l'entrepriſe de ces excavations, un courage invincible ; tout prouve que le culte vivifioit leurs travaux : il en eſt dont la grandeur eſt ſi étonnante, que l'eſprit ſe révolte lorſqu'on réfléchit à la peine qu'ont dû prendre ces infatigables mortels.

Dans l'Egypte & la Nubie, il y a de ces antres dont les peintures & les bas-reliefs annoncent une antiquité ſingulière (4). Les montagnes de Tſchabel-Eſſelſele, de Ellſag, de Schech-Haridi, de Garbe-Girche, de Benné-Haſſein, d'Abufode, de Tſchibel-ell-Déïr, de Biban-ell-Meluke ; les environs de Memphys & d'Amada, les montagnes qui bordent

A iv

le Nil, celles de la Libye & de l'Ethiopie ont
de pareilles excavations. La plupart offrent à
leur entrée des portiques majestueux, ménagés
dans le bloc du rocher. Celles d'Alexandrie &
de Négrepole, de forme circulaire, font ornées de niches & de frontons; on y voit des
colonnes approchant de l'ordre appelé Ionique, c'est-à-dire, colonnes de Jou, de Jupiter.

La Palestine, la Phénicie & la Syrie offrent
des monumens de la même férie. A l'orient de
Tékoa, une de ces excavations est si immense,
qu'elle contiendroit, felon Pocoke, près de
trente mille homme (5); la montagne des
Oliviers, celle de *Thaut*, qu'on nomme *Sinaï*,
qui fignifie mamelle, ou montagne nourri-
ricière; le mont Hermont, appelé montagne
de Sion ou S-Ion, enfin toutes celles du Liban, préfentent des antres embellis & taillés
au cifeau. La ville de Jérufalem offre également des excavations dans fes rochers; elles
annoncent la plus haute antiquité. On y trouve
des galeries fpacieufes dont les colonnes, menagées dans le roc, font ornées de feuillage
ou plantes facrées, & couvertes d'hiéroglyphes (6).

C'est fans doute par refpect pour toutes ces
excavations, que par la fuite on entreprit de
les embellir, puifque le devant du rocher est
fouvent taillé en forme de périftile, quelquefois même on en a ouvragé une plus grande
partie, pour former d'un même bloc la moitié
du temple, tandis que le fanctuaire répond
fous le reste de la montagne, qui, converte
de productions, confervoit une analogie

avec l'image de Jupiter, Dieu qui nourrit les humains, repréfenté jufque fur les médailles, fous la forme d'un rocher couronné de verdure. La vallée royale, appelée de *Jofaphat* ou *Iou-faphat*, offre des exemples de ces travaux agricoles & inimitables. Mais les monumens que préfentent ces contrées, ont tous acquis de nouvelles dénominations (7), fans qu'on fe foit donné la peine d'examiner fi ceux qui les ont faits n'ont pas été les premiers hommes dans les arts.

Le Mont-Carmel, confacré à Cybelle, offre des excavations de quarante pieds fur vingt de large. Celles de Sydon font ornées de peintures & décorées de pilaftres. Tibériade & la montagne de *Tabor* offrent également de ces antres taillés au cifeau, & celles qu'on voit près de Damas, font, nous dit-on, dédiées à Simon Stilite (8).

Les grottes que l'on trouve près de Juba font ornées de colonnes, de frontons & de corniches; elles offrent à leur entrée une grande falle en forme de veftibule. Pocoke les nomme les tombeaux des Juges. Berze, qui n'eft pas loin, préfente la grotte de Jupiter, l'*Abram* ou *Abra-déem*, que l'antiquité dépeignoit tenant une hache ou une coignee; enfin, on voit à Malouca & à Sydonia des excavations de foixante pieds de long avec des colonnes carrées, deux rang de fièges & une tablette tout autour, le tout ménagé dans le même roc. Il eft dans toutes ces grottes de petits baffins qu'on avoit fans doute creufés pour l'eau luftrale, & que nos habiles Voyageurs ont pris pour des preffoirs à fouler le raifin.

Quelques unes de ces grottes, appelées jadis l'antre du ferpent, l'antre de Mitras, &c., nommées aujourd'hui les grottes de Saint-Serphent, ou Saint-Crodille par quelques Européens paffés dans ces contrées, préfentent dans leur façade, des niches cintrées avec des coquilles de pétoncles dans leurs frontons; coquilles également employées parmi les Indiens & les Japonois, & dont ils couronnent leurs fimulacres.

Depuis Sydonia jufqu'à Ménoch, on voit également des excavations avec des façades qui font ornées de colonnes & de chapiteaux doriques ; & vous favez, Meffieurs, qu'il exiftoit une ville de la Phénicie, qui fe nommoit *Doris* ou *Dorus*, furnom du foleil, & dont on voit encore des veftiges entre Balbec & Damas. Les montagnes qui s'étendent depuis *Dumar* jufqu'à *Fège*, préfentent des grottes dont les colonnes participent de ces premiers fimulacres, qui étoient tout à la fois Divinités & colonnes : elles fupportent un fronton chargé de fymboles agricoles. Enfin, les rochers de *Kuph* offrent également des portiques taillés fur le même roc ; ils donnent entrée à des excavations qui annoncent la plus haute antiquité (9).

On trouve fur le fommet des montagnes de Kepfe, *l'ancienne Séleucie*, la même que *Seleucia-ad-Bellum*, des grottes immenfes aux deux côtés d'un paffage artificiel, ayant des cours à leur entrée, avec plufieurs nefs foutenues de colonnes ornées de bas-reliefs & d'hiéroglyphes, & menagées dans le même rocher.

Il eſt de ces excavations dont l'entréé eſt élevée à vingt-quatre pieds au-deſſus du ſol; elles ſont décorées de niches & de peintures, & ſur les portes ſont des repréſentations ſymboliques. Antioche, le Mont *Caſſius*, ainſi que le reſte de ces contrées qu'on a pu parcourir, ont de ſemblables monumens.

L'iſle de Cypre, ſi célèbre dans l'antiquité, offre encore des grottes pareilles, ou plutôt des temples antiques. En effet, près du Mont Olympe on voit l'antre d'*Andros* ou *Andréat*, épithète du ſoleil, & dont le ſimulacre déſignoit la puiſſance ſur les quatre élémens; comme les quatre ailes de Mitras, les quatre faces de Janus, ou enfin les chevaux du ſoleil, tournés vers les quatre parties du monde, exprimoient cette même puiſſance (10).

Près d'*Aïmama* & de *Galo-Porto*, on voit des excavations ornées de galeries, & c'eſt au-deſſus de ces montagnes qu'étoit la ville d'*Uranie*, nom de la chaſte Vénus, dont le temple ne pouvoit, dit-on, être regardé par les femmes, pour déſigner ſans doute que c'étoit la fécondation céleſte qu'ils avoient en vue, plutôt que la fécondité des mortels. On y voit encore les reſtes d'un temple de Cybelle repréſentée ſur un lion; temple que nos antiquaires pélérins appellent le Couvent de *Sainte-Mamma*, comme ils appellent les excavations de Paphos, dédiées aux ſept Planètes, *l'antre des ſept Dormans*. Enfin, Epiſcopie préſente des antres ſemblables, & l'on trouve des rochers ſur les bords de la mer, dans leſquels font pratiquées des grottes ayant des façades ornées de portiques & de colonnes doriques cannelées : ces antres ont une cour dans le milieu, & préfentent toujours des formes de baffins.

Dans l'Afie Mineure, les montagnes de la Phrygie, de la Carie, de l'Ionie & de la Propontide, offrent également des excavations. *Millaffa*, *Arabhifar*, le Mont *Samfon*, &c., en préfentent du même genre que celles que nous avons parcourues. *Naffali* offre l'antre de Pluton, foleil d'hiver, & qu'on nomme *Charonium*, pour le diftinguer fans doute de celui qu'on trouve au midi des thermes d'*Hiéropolis*, & qu'on nomme *Plutonium*, fervice qu'on n'a pas rendu à ces prétendus fept Dormans, qui fe trouvent encore avoir une grotte près d'*Aja-falouk*, & qui ne nous font donnés que comme des êtres qui ont dormi deux cents ans (11). Pocoke & d'autres voyageurs ont baptifé du nom de catacombes, les excavations qui font près de Coloffe, fous prétexte qu'il y a des colonnes par-deffus terminées en pyramides ; ce qui prouveroit le contraire, c'eft qu'on voit près d'Athènes des excavations dédiées à l'aftre du jour, qui étoient furmontées par des colonnes.

On connoît auffi à Céfarée de Cappadoce des antres couverts, pour la plupart, de peintures hiéroglyphiques, ainfi que ceux près d'Adana. Nicomédie, les montagnes qui l'environnent, le mont Olympe, ainfi que plufieurs autres de ces contrées, ont auffi leurs cavernes taillées au cifeau.

En Perfe, la montagne nommée *Tagli-Ruf-tan*, préfente une grotte immenfe que vifitent les Indiens à l'équinoxe du printemps ; grotte dans laquelle, dit Corneille de Bruine, fe trouvent deux ou trois fontaines. Les environs de *Jaffa*, de *Naxi-Ruftan* ; les rochers de *Chel-minar*, de *Jedie-Kombat*, de *Ferrodoux*, de *Zjie-Raës* ou *Jes-Rael* (12), ainfi que la plupart des rochers de cet empire, ont tous de ces excavations. Dans les unes, on a ménagé des niches & des colonnes, tandis que les autres font ornées de peintures fymboliques. L'entrée de ces excavations eft fouvent à une élévation fingulière du fol, mais toujours pratiquée du côté de la montagne, qui eft taillée verticalement.

Des bas-reliefs & même des autels, pris dans la même roche, décorent quelquefois le bas de la montagne, & font au pied de ces grottes. Les perfonnages font toujours relatifs au foleil & à la lune ; cependant tout à été pris pour des tombeaux, jufqu'aux pyramides de *Com* & de *Kaffan*. Nos Voyageurs y ont trouvé jufqu'à celui de *Ruftan*, dont la taille, difent-ils, étoit de quarante coudées, & qui vécut 1113 ans. Ils ont vu celui de la mère de Salomon, dans l'endroit appelé *Maz-it-madre Salomeen* (13), fans favoir que *Maz* ou *Maz-it* fignifie *temple* parmi les Indiens, & que *Al-amon* ou *Aloméen* fignifioit le foleil dans toutes ces contrées ; enfin, ils ont vu jufqu'au tombeau de *Iou-hibraim*, c'eft-à-dire, de *Jupiter Hibraim*, épithète de l'aftre du jour, parmi les peuples de la Bactriane.

L'Asie entière est couverte de semblables excavations. L'isle de Ceïlan est un de ces antres taillé dans la montagne appelée *Pic d'Adam;* l'Indostan, le Tangut, le Tibet, la Chine & le Japon en ont de pareilles, & ces excavations ont des dénominations qui répondent toujours, dans la langue de ces peuples, aux antres de Mitras des anciens Parsis. C'est, disent-ils, l'antre du soleil, & ils le représentent monté sur une vache, symbole de la terre ou du labourage. Ce qu'il y a de singulier, c'est que dans le style symbolique, encore en usage parmi eux, cet astre disparut ou se cacha. Quelle peut être cette allégorie ou cet accident du globe, ou enfin ce phénomène qu'auroient connu ces nations, & que ne nous ne connoissons pas (14) ?

Ce qui prouve néanmoins que tous les peuples de la terre suivirent les mêmes séries dans ces excavations, c'est qu'on en trouve de trente werstes d'étendue dans les montagnes d'albâtre près d'Arcangel, ornées de piliers ou pilastres ménagés dans le même rocher.

Le mont *Athos* en Macédoine, les montagnes du Pénée, celle de *Dius*, où les soi-disans Généraux d'Alexandre avoient leurs statues (15), le mont *Ossa*, celui de l'*Olympe*, le mont *Baba*, le mont *Liber-trius*, sur lequel étoient les Muses, présentent de ces antres excavés au ciseau. Celui de *Trophonius* ou Mercure, les grottes d'Athènes, ornées de niches, de colonnes, de bancs & de représentations agricoles (16), ce qu'on nous dit avoir servi à l'aréopage & au musée, creusé en partie dans le rocher; la grotte dédiée à Pluton sur la coline *Hippios*, l'antre de *I-anna* ou de *Diane*, près d'Icaria, l'excavation du rocher Sciro-nien, celle du mont *Œnius*, près de Co-rinthe aucun de ces monumens n'a fait ouvrir les yeux à nos prétendus antiquaires. Ils se font amusés à nous décrire le lieu natal des Divinités symboliques, qu'ils appellent les grands hommes. Hercule est né, selon Pocoke, à Thebes en Bëotie, & Achille en Phthie; il ignoroit sans doute que *Phtha* est le nom de la Divinité parmi les peuples de l'Inde & de l'Asie Méridionale.

Les isles de Micome, de Thermia, d'An-dros, celles de Milo & de Délos ont aussi leurs rochers excavés. L'isle de Ténedos offre la ca-verne appelée d'*Eole*, & Naxos, celle où se célébroient les Orgies. Lemnos a des excava-tions en forme de labyrinthe, Samos présente des grottes immenses disposées en galeries, & dont les voûtes sont soutenues par des piliers ménagés dans le roc. Paros a des cavernes creusées jusque dans le marbre; & l'on voit dans les bas-reliefs qui les décorent, des danses symboliques, au centre desquelles pré-sident Bacchus & Silène avec des cornes de bœuf (17).

Padmos a un de ces antres, où, suivant les Pélérins antiquaires, fut faite l'Apocalypse, & où Jean recevoit, disent-ils, le Saint-Esprit par un trou. Les grottes de Chio laissent entrevoir, selon eux, les traces du lait de la Vierge; ils y voyent jusqu'à l'école d'Homère, ainsi que son banc & sa table creusés dans le roc. Enfin Mytilène, Santorin, Nantio,

Amargos, & même l'isle de Surinto, ont de ces mêmes temples excavés au ciseau.

Ce qu'on nomme le labyrinthe de Crète n'est également que des grottes taillées dans le rocher. On y voit des salles circulaires & terminées en dôme. Gortine, le mont Ida, les montagnes de Terminos, celles de Selouca en ont de la même espece, & dans lesquelles on découvre aujourd'hui des cristallisations en forme de colonnes ; on en voit encore à Catolico d'un quart de mille d'étendue. Héraclée, aujourd'hui Candie, présente des antres qui ont servi, nous disent quelques-uns, de tombeau à Jupiter, c'est-à-dire, à ce *Iou* ou *Ieova*, que toute la terre reconnut pour le Dieu suprême & incréé. Telle est l'opinion de nos Rédacteurs de voyages, ou de ceux qui rejettent les allégories de l'antiquité, & les emploient au sens littéral, lorsqu'elles peuvent embrouiller l'imagination. L'isle de *Dia*, où ils prétendent que Jupiter fut élevé, sans nous dire si c'est sur un piédestal, offre de pareils temples excavés dans les rochers. On en voit de semblables dans l'isle de Rhodes & en Italie, où l'on voit la grotte lupercale, dans laquelle on prétend que Remus fut allaité.

Rien ne prouve donc mieux l'uniformité du culte agricole, que de voir de pareils monumens dans toutes les contrées, & de les voir ornés des mêmes symboles. En effet, on trouve de ces antres intéressans, nommés *Lucg* & *Haf-berg* par les Allemands, dans la Carniole intérieure ; on en voit en France, soit à *Lyon*,

dans

dans la montagne de F-ourvieres ou montagne
de lumière ; on en voit près de Nîmes, ainsi
que près de Saint-Maximin en Provence, antre
qu'on appelle la Sainte-Baume ; le Vivarais,
les montagnes des Sévennes en offrent également ; ceux qu'on trouve au-deſſus de Sorère
en Languedoc, ſont compoſés de pluſieurs
ſalles percées dans le roc vif, & forment un
dédale qui s'étend juſqu'à Dourgues. La tradition a conſérvé à ces immenſes excavations
pratiquées dans la montagne appelée *Noire*,
le nom du ſoleil ; on le nomme en patois le *trou
du calel*, c'eſt-à-dire, le trou du flambeau lumineux. On y voyoit des repréſentations ſymboliques, qui répondoient à celles des excavations orientales. On connoît celles du Mas-Daſil
aux pieds des Pyrennées, ainſi que celles de la
Bourgogne.

Les rochers de l'Eſpagne & du Portugal
offrent de ces antres taillés au ciſeau, & dédiés au ſoleil. Les peuples de Carthage & de
la Phénicie pénétrèrent dans ces contrées
avant de toucher au reſte de notre continent,
& de parvenir juſqu'à l'Italie, qu'ils appelè-
rent enſuite *Saturnia*, ou fille du labourage :
la marche que Sanchoniaton fait tenir à Hercule, c'eſt-à-dire, à l'Agriculture, fille du ſoleil,
eſt une preuve de ce fait. Mais les Eſpagnols
& les Portugais n'ont pas décrit les monumens de l'antiquité, qui cependant ſont en
grand nombre parmi eux.

Les montagnes & les rochers du nouveau
monde qu'ils ont ſubjugué, & qu'avoient parcouru les Carthaginois, ainſi que le démontre

B

l'arrêt de Carthage contre les émigrations en Amérique, font auffi pour la plupart excavés aux cifeaux. Il en eft dans le Pérou qui forment des labyrinthes confidérables, au rapport de quelques voyageurs; & fur les récits qu'on m'en a faits, j'eftime que les fymboles qui les décorent font de la même férie que ceux qu'on voit dans les pays orientaux.

Or, fi on apperçoit dans la plupart de ces excavations les progreffions diverfes de la colonne, ou de ce que nous nommons ordre d'Architecture ; fi, à quelque chofe près, on découvre dans les différentes contrées, & notamment dans les orientales, le mode des ordres attribués aux Grecs & aux Romains, nos Architectes, profitant du fommeil léthargique des Antiquaires, fe font trompés groffièrement, tant fur l'âge, que fur l'origine de la colonne & de fon complément, puifque les excavations que nous avons parcourues, fouvent couvertes des premiers caractères appelés hiéroglyphiques, & dans lefquelles les féries diverfes de la colonne ont été employées, démontrent une antiquité qui fe perd dans la nuit des temps (18).

C'eft néanmoins en confultant ces monumens, ainfi que les veftiges des théâtres & des cirques taillés également dans les rochers ou fur des montagnes de marbre, fans ceffe accompagnés de pilaftres & de colonnes ménagés fur le même bloc; c'eft, dis-je, en comparant ces objets qu'on pouvoit s'inftruire de la marche de l'efprit humain. Ces mêmes objets contribueroient encore à diftinguer les

divers âges, & feroient connoître les progrès
fucceffifs qui ont réuni & perfectionné nos
connoiffances (19).

Cependant on ne peut démontrer, fans une
efpèce de crime, la fauffe marche de ceux qui
ont écrit fur l'Architecture, fous prétexte que
jufqu'à ce jour on ne s'eft point occupé d'ana-
lyfes plus raifonnées que de celles des contours
agréables, des dimenfions de la pierre, & de la
maniere de faire le mortier. Pourquoi s'avifoient-
ils donc tous de nous parler du commencement
du monde, de la première cabane, du premier bâtiment & du premier temple, s'ils n'a-
voient pour guide que l'ignorance & le préjugé ? Pourquoi confacrer l'erreur dans leurs
ouvrages, & y joindre des intercallations puériles, qui les font admirer par quelques fectes
intéreffées à perpétuer cette même erreur, en
fe couvrant du bouclier de quelques Périodiftes ?
Mais qu'importent des éloges ou des critiques
qui ne peuvent ni flatter ni offenfer (20) ?

Faut-il, comme nos Artiftes, confidérer
l'enfance de ce qu'ils appellent ordre de colonnes dans le temple de Minerve à Athènes,
& dans celui de Théfée, fous prétexte que
l'Architecture en eft fimple, & que ces temples ne répondent pas à la beauté des bas-reliefs ? Etoit-il donc impoffible d'imaginer qu'il
pouvoit y avoir des repréfentations obligées
dans le mode de la colonne, felon le vocable du temple ? de foupçonner que les bas-
reliefs, faits après coup par l'ordre des Romains, devoient néceffairement avoir un autre
faire ? enfin de faifir ces rapports entre l'Ar-

chitecture des anciens, & les objets de culte, entre cet Art & les symboles qui retraçoient les causes de la Nature ; entre les vestiges ménagés sur les rochers, qui annoncent une antiquité absolue dans les conformations de la colonne, vestiges répandus dans toutes les contrées voisines de la Grèce, & ceux qu'ils ont trouvés dans cette même Grèce, après qu'elle fut subjuguée ?

Le temple de Vesta, fait en forme de globe ; celui de Bacchus, fait en forme de carrosse, & semblable aux maisons des Scythes-Hamaxobies, comme l'observe Montfaucon, ne leur dévoiloient-ils pas par leur figure, que les anciens vouloient exprimer les révolutions du soleil & celles de la terre ? Pouvoient-ils mieux désigner le vocable d'un temple consacré à l'équinoxe du printemps, c'est-à-dire à *Mercure Criphore*, ou *porte belier*, qu'en couronnant le faîte de ce temple par un simulacre portant un belier sur ses épaules, exprimant le signe du Zodiaque, qui commençoit l'année parmi eux, & qu'ils nommoient *Aries* ou *Arius* ? C'est ainsi que Janus (le soleil), tenant des clefs dans ses mains, pour ouvrir & fermer l'année, étoit représenté sur les autels de son temple ; c'est ainsi que Vénus, le pied sur une tortue, & portant la globe du monde (21) surmonté d'Éros, ame de toute végétation, & dont, entre autres choses, nous avons fait Cupidon, désignoient sur ses autels la Nature & le principe actif qui la renouvelle.

Prendra-t-on pour un rêve de l'antiquité tous ces temples dont les peintures retraçoient les

objets céleftes, comme cefles dont parle Ezé-
chiel, & qu'on voyoit dans toutes les contrées
orientales, ainfi qu'à Jérufalem, ville de *Si-
dik* ou du foleil, comme font encore les temples des Banians dans les grandes Indes? N'en
voit-on pas des veftiges à Ifpahan, dans l'Ifle de
Scio, à Theffalonique, ainfi que dans un autre
temple aux environs de Damas? La Déeffe
Syrienne, c'eft-à-dire, Cybelle, appelée *Ma-
ter Deorum*, n'eft-elle pas repréfentée avec les
douze fignes fur l'étole qu'elle porte? Or, fon
temple ne pouvoit qu'être analogue à fes ac-
coutremens : tout ce qui la couvroit étoit le
fymbole de la Nature.

N'avons-nous pas vu les fophites ou plafonds de Palmyre repréfenter le firmament ?
Les obfervations aftronomiques n'étoient-elles
pas gravées fur le temple de Bélus? Nos douze
fignes ne font-ils pas peints fur le plafond de
la Pagode de *Verda-Petha*, au cap Commorin,
au centre defquels eft une Divinité affife fur un
trône ? Diodore ne parle-t-il point de plafonds
ornés détoiles fur un fond d'azur? N'en voit-
on point dans ceux de la Perfe, au rapport
de Corneille de Bruine, & tous les veftiges
des monumens religieux parmi les Egyptiens,
n'en offrent-ils pas de femblables? Pourquoi
Pline parleroit-il des arcs qui portoient des
ftatues, fi elles n'étoient relatives à l'aftre du
jour, qui fans ceffe parcourt l'écliptique ?
Les courbes qui compofent les dômes des mofquées & des pagodes, ne font elles pas encore
relatives à cette marche du foleil que nous
traçons fur la fphère terreftre? Les époques &

les périodes n'étoient - elles pas tracées jufque
dans le fanctuaire des temples , & ne voyoit-
on pas jufqu'aux heures perfonnifiées dans celui de Junon en Elide, comme on voyoit les
fimulacres des trois cent foixante jours de
l'année dans ceux de *Mo - abel* en Arabie ,
d'Ofiris en Egypte , & comme ils font encore
dans celui de Focaffart à la Chine ?

. Qui eft celui qui ne trouveroit aucune allégorie dans ce temple de Cérès, qu'on voit fur
les médailles ayant un autel entre deux tor-
ches ? N'eft-ce pas un *ex-voto* de la terre aux
flambeaux du jour, & de la nuit, qui font tout
propager. Cet autel n'indiquoit-il pas encore
la reconnoiffance envers l'Etrê fuprême, dont
ces aftres ne font que des attribus ? Il eft des
prières de nuit qu'on a imitées à cet égard
dans quelques contrées, fans en expliquer
les motifs. Dans certains temples, des miroirs
réfléchiffoient des faifceaux de lumière fur
les autels, dans d'autres on fufpendoit des
œufs, fymbole de l'Etre fuprême qui s'eft pro-
créé lui- même; tous offroient des fymboles
relatifs à leur vocable. Il en eft parmi les Indiens, de tendus de noir, brochés en argent
ou incruftés fur leur façade en forme de lo-
zange blanc & noir, comme on en voit encore
dans la Syrie. Répondroient-ils à l'incompréhenfibilité de l'Etre fuprême? étoient-ils dé-
voués à un culte particulier aux époques ré-
volues, & qu'on nommoit Jubilares ?

On voyoit des temples ornés de jardins ar-
tificiels, où fe trouvoit la ftatue de Venus en
myrtes verdoyans, & d'autres qui étoient

furmontés de terraffes couvertes de productions (22) ; d'autres qui ne préfentoient
pour autel qu'un rocher couvert de verdure ,
tel que fut le premier fimulacre de Jupiter ,
fuprême protecteur de l'agriculture. L'antiquité n'avoit donc en vue que cet art nourricier, & confidéroit l'agriculture , mère du
culte, comme le plus grand des bienfaits.
C'eft ce règne de Saturne, où les hommes me-
noient une vie heureufe, qu'ils dépeignoient
fans ceffe. Les richeffes de cet art fuggéroient
des allégories ingénieufes. *Adama*, ou la terre,
dit le ftyle fymbolique, avoit produit un diamant
dont elle fit une faux d'une grandeur étonnante, & qu'elle mit dans les mains de *Cronus*,
c'eft-à-dire le laboureur, fans doute pour exprimer que fon travail étoit le plus précieux.
Les Idéens, ou ces cinq frères fi unis, qui
trouvèrent l'ufage du fer, devoient être les
amis fidèles de Cronus; fuivant ce même ftyle,
ces cinq frères étoient les doigts de la main.

Ainfi, les fceptres des Rois étoient faits en
forme de foc de charrue; ainfi des cornes,
emblêmes du labourage & de la profpérité
publique, étoient fufpendues dans les temples,
tandis que des pommes, fymboles des richeffes agricoles, confacrées à Hercule, ornoient
les autels. Ce font ces mêmes pommes, nommées *Bébis*, dans les Langues Orientales, mot
qui fignifie richeffe, que tous les fimulacres
fymboliques offrent en facrifice, & que quelques-uns préfentent à des ferpens, fymbole de
l'Eternité. Le foleil, nommé *Melon*, ou la pomme, par les Athéniens, avoient un autel au

Pirée, fur lequel on voyoit toujours de ces
fruits. Junon, à fon mariage, ainfi que le préfentent les anciennes allégories, donna pour
dot des pommiers à Jupiter. Les pommes
étoient alors l'image de la félicité.

· La vénération des anciens étoit fi grande
pour tout ce qu'ils appeloient parure de la
terre, que lorfqu'ils trouvoient des rochers
qui ne pouvoient rien produire, & fur lefquels
des terres rapportées auroient été mobiles,
ils les tailloient alors en forme de fimulacres;
on en trouve d'une grandeur énorme. Plufieurs montagnes fur les confins de l'Egypte
& de l'Ethiopie font taillées au cifeau ;
celles de Caftravan en Phénicie, forment,
dit Pocoke, pendant l'efpace de deux milles,
des figures figulières qu'on prendroit pour
des hommes. Le rocher appelé Rofcanzir, continue-t-il, avance du côté de la mer en forme de tête de *vérat*, & tous les rochers, aux
environs de Patrone, qui bordent la mer,
portent la marque de la pioche & du cifeau.
Corneille de Bruine nous dit avoir deffiné des
rochers & des montagnes taillés en forme
d'animaux, fur le chemin de Sawa à Com,
dans le Royaume de Perfe. Nordem en cite
de femblables, taillés fous la forme de cha-
meaux; Keyt en a trouvé de forme humaine
dans la baie de Spelman ; la montagne de
Fo-kien, dans le Kathay, eft taillée en idole,
comme l'obferve l'auteur des Recherches fur
les ftatues des anciens; la Chine & le Japon
en offrent de femblables, & l'hiftoire d'Ina-

crates, insérée dans Vitruve, n'étoit faite sans
doute que pour ceux qui n'auroient ni voyagé
ni lu (23).

Au reste, les Orientaux conservent encore
les mêmes idées, les mêmes symboles, le
même culte & le même amour de l'agriculture.
On trouve dans le royaume de Siam, & parmi
les Japonais, un ordre respectable, appelé *Jo-
ma-bos*, ou *Jamabos*, qui parcourt tout l'Empire, afin que rien ne soit en friche, & que,
par des moyens physiques, les eaux se divisent
pour fertiliser chaque contrée. Hospitaliers,
lorsque ces hommes sont sédentaires, & con-
servateurs des temples, ils vénèrent encore
ces objets antiques qui servirent à manger
sans doute le premier pain de la concorde, &
qu'ils portoient avec eux lorsqu'ils propagoient
l'agriculture. Kempfer nous cite des temples
où l'on voit suspendues des espèces de chau-
dieres d'une grandeur énorme : aurions-nous
rencontré leur véritable usage (24)?

Il seroit à souhaiter, Messieurs, que plusieurs Savans pussent se réunir pour examiner
les vestiges anciens des contrées diverses, &
donner des relations exactes de l'exposition
des différens monumens, ainsi que des dessins
de tout ce qui les constitue. Plus un édifice
se trouveroit opposé à ceux des Grecs & des
Romains, presque modernes à cet égard, plus
ils s'appliqueroient à copier les plantes sacrées ainsi que les autres symboles qui les
décorent, nous découvririons peut-être les
idées méthaphysiques que les anciens avaient

acquifes, & dont ils laiffoient par-tout des images. L'erreur & la mauvaife foi s'éclipferoient
fans doute, par les lumières que procureroit
l'authenticité de ces monumens. On doit faire
des vœux pour le fuccès d'une pareille en-
treprife.

Je fuis, Meffieurs, &c.

N O T E S.

(1) *Page* 5. Voyez la seconde Lettre sur l'Architecture à M. le Duc de Luxembourg, pages 11 & suivantes.

(2) *Page* 6. Le temple d'Apollon, près de l'Ebadie, dans la Béotie, bâti sur une montagne couverte de bois, n'avoit pour enceinte qu'une petite muraille. Des obélisques, des calendriers, ou autres signes sacrés, placés d'espace en espace, dit l'auteur de la vie des Architectes, concouroient à former ce temple & à le décorer. Il ignoroit sans doute que les colonnes isolées, & qui servoient alors de calendrier, souvent terminées en obélisques, composoient tous les signes sacrés, qui seuls formoient les premiers temples.

(3) *Page* 6. Plusieurs Ecrivains nous citent le petit mur d'osier tissu du temple de Vesta à Rome, construit, disent-ils, par Numa. Pocoke à trouvé des rainures de quatre pouces qui regnent le long des colonnes du temple de Melasso dans l'Asie Mineure, rainures qui ne peuvent avoir été faites que pour une pareille cloison. Voyez Pocoke, page 98, tome 5, 6 vol. in-12.

(4) *Page* 7. On trouve dans les excavations de *Tschabel-Esselsele* des simulacres assis devant une table couverte de hiéroglyphes, parmi lesquels on découvre des Hermès ou pierres agricoles, entourées d'un serpent. On y voit aussi des plafonds étoilés, où quelquefois le milieu est occupé par un simulacre ayant des ailes qui descendent jusqu'à ses pieds, & tenant un sceptre à la main. Voyez Nordem, page 185, & Pocoke, page 283, tom. 1er. Ce qu'il y a de singulier, c'est qu'on trouve de ces excavations qui sont percées les unes sur les autres, & dont chaque pièce circulaire, carrée ou octogone, répond à celle du dessous; la hardiesse a fait ménager dans le roc jusqu'à la simple épaisseur d'un plafond, ou d'une voûte entre deux.

On trouve de ces antres où il faut monter deux heures
pour arriver à la porte indiquée par le chemin de la
montagne. Il en eft qui ne font compofés que de fept
chambres, ou temples réunis, dont l'entrée eft du côté
de la montagne, taillée verticalement. Il exifte de pareilles
excavations dans le centre de l'Ethiopie, fuivant les
relations de Bermudes; & Diodore convient que les Egyptiens tenoient leurs pratiques religieufes des habitans
de cette contrée : il s'explique même en termes fort clairs
à cet égard, ainfi que Bochard l'a obfervé, felon l'Auteur
des Recherches philofophiques fur les Egyptiens & les
Chinois.

(5) *Page* 8. Pocoke, page 120, tom. 3, dit que trente
mille hommes fe retirèrent dans cette grotte pour fe fouf-
traire au mauvais air, comme fi une grotte pouvoit en
procurer un plus falubre.

(6) *Page* 8. L'une des grottes de Jérufalem, citée par
Corneille de Bruine, & compofée de douze arcades, a été
taillée, felon lui ou fon rédacteur, par Hélène, mère
de Conftantin, en faveur des Apôtres. Il nous obferve
qu'il y a fix colonnes extraordinaires, ménagées dans le
roc, fans nous dire ce qu'il entend par *extraordinaire*;
il obferve feulement qu'elles ont 88 palmes de tour,
(*in-folio*, page 262). Il ne favoit pas fans doute qu'Hélène étoit la Lune, ou *Lunus*, parmi les Orientaux, &
que cette caverne annonce, par fa conftruction, une antiquité abfolue; ces douze arcades feroient alors relatives aux douze foleils de l'année, ou au douze mois.

(7) *Page* 9. On trouve en Egypte plufieurs exemples
de ces temples dont le périftile a été ménagé d'un feul
bloc, fur les montagnes qui contiennent de ces excavations. On en voit un de quatre-vingts pieds de tour dans
la vallée Royale en Paleftine, pris d'un feul bloc, orné
de colonnes & d'un dôme pyramidal. Il femble que les
anciens curieux de ces temples d'un feul bloc, plaçoient
quelquefois au devant de la porte des autres temples, des
pierres d'une grandeur effroyable, & qu'ils creufoient en
dedans, comme celle dont parle Hérodote, qui, par fa
grandeur, étonne l'imagination, & qui fut placée devant

Saïs, comme celle dont parle Pocoke, & qu'on voit à Nicée fur la croupe de la montagne. Quant aux monumens de la Paleftine, les uns font devenus les tombeaux de Zaccharie, d'Abfalon, de Jofaphat, du Lazare, de Rachel, &c. &c., tandis que les excavations de Bethanie, de Nazareth, de Bethléem, &c., font les cavernes de Jean & d'Elie, ou les grottes de Jérémie, d'Elifée, de David, & d'Abraham. On y voit, nous dit-on, des traces du lait de la Vierge. On a été jufqu'à y trouver des débris de l'arche de Noé, & même jufqu'au crâne d'Adam, felon tous nos Voyageurs, & notamment Corneille de Bruïne.

(8) *Page 9.* Baronius, nous dit-on, fut le premier à parler dans fes annales, de Simon Stilitte; Evagrius, ou fon Commentateur, prétendit enfuite qu'il refta fur une colonne, fans nous dire fi ce n'étoit point fa ftatue; car d'autres foutiennent qu'il vécut foixante-huit ans fur la montagne. Ce qu'il y a d'heureux, c'eft que cette colonne, dont le piédeftal de huit pieds en carré, couronne un temple près d'Alep, doit en avoir produit d'autres, puifqu'on en montre fur le mont Caffius, ainfi que fur la montagne appelée Belle-Clefi, qui font adaptées à des monumens dont l'architecture eft agricole. Au refte, toutes les montagnes de ces contrées ont encore des noms relatifs aux Divinités Symboliques de l'antiquité. Les Arabes limitrophes d'Alep & d'Antioche, ont une Divinité appelée *Simon-Héa*, ou *Simon-Joua*. Voyez Pocoke, pages 63 & 64, tome 3; & 112, tome 4, pour ce qui concerne ces diverfes colonnes.

(9) *Page* 10. La férie des monumens eft la même dans toutes ces contrées; puifque les Voyageurs conviennent que l'architecture de Tibériade, de Sarepta, ainfi que celle des veftiges de la Phénicie, a quelque conformité avec celle qu'ils ont vue dans la haute Egypte. On fait auffi que celle de la première Grèce y répondoit également. C'eft à Balbec que Pocoke a trouvé ce bas-relief que nous avons cité dans la lettre à l'Académie impériale de Saint-Pétersbourg, qui repréfente un jeune homme, des épaules duquel fortent des cornes de taureau, ayant à fes pieds une couronne renverfée; ce qui répond,

avons-nous dit, aux fimulacres Indiens, dont il fort également ment des cornes des épaules ou des parties génitales, ainfi que le démontre Kempfer, page 107, tome 1er, *in-fol*. On trouve même, non loin de Damas, un village nommé *Ten-fin*, épithète du foleil parmi les Japonois. Au refte, près de Caftravan en Phénicie, les Drufes dépeignent encore cet aftre fous la forme du taureau, & ont, felon Pocoke, page 280, tome 3, des fouterrains pour les myftères.

(10) *Page 11*. Plufieurs villes portoient le nom d'*Andros*, d'*Andréas*, d'*Enidra*, &c., épithète du foleil ; il en eft dans la Bythinie, dans la Syrie, & dans l'Afie Mineure, aux environs de Mytilène ; & les Ifles de l'Archipel en offrent une de ce nom, ainfi que l'Ifle de Madagafcar. Cette épithète vient des Guèbres, où F-andrus avoit, felon le ftyle fymbolique, fondé *Zjie-raës*, ou *Zjie-Raël*. Les Grecs, qui dénaturoient tout, difoient qu'*Andrus* étoit général de Rhadamante, fils d'Apollon & de Creüfe, c'eft-à-dire, fils du foleil & de la lune. On voit à Melaffo une très-belle colonne Corinthienne cannelée, avec une infcription en l'honneur de Men-andre, non loin des veftiges du temple de Jupiter *Ofogus*. Andro-nic, qui, felon Vitruve, avoit fait la tour des vents, eft également une copie tronquée de *Jupiter-Vrius*, qui avoit un temple à l'entrée du Bofphore, fous le titre de diftributeur des bons vents. On avoit dédié à cet *Andros*, dans l'Ifle de Cypre, l'arbre de Platane, appelé *Xilon-efendi*, ou bois de rofe.

(11) *Page 12*. Ces fept dormans ont des grottes partout, & Corneille de Bruine, homme fort favant, nous apprend que ce font des chrétiens qui dormirent deux cents ans. Ils ont une grotte près du *Mé-andre*; ils en ont fur le mont Olympe, dans laquelle on nourrit des poiffons, appelés *Bal-ouk*, ou poiffons de Baal, comme l'obferve Pocoke ; ils en ont dans l'ifle de Cypre, & en auroient jufque dans la haute Egypte, par le moyen de ces fept chambres ou grottes réunies, que cite Nordem, fi le nombre *fept* devoit leur appartenir.

(12) *Page 13*. Le peuple de Zjie-raës étoit fous le

Gouvernement de douze Dieux fecondaires, Dieux médiateurs ; chacun d'eux préfidoit à une conftellation, ainfi que parmi les Chaldéens. C'étoient toujours les douze foleils de l'année, comme font les douze Apôtres de Brama dans les Grandes Indes.

(13) *Page* 13. Cet endroit que Corneille de Bruine appeloit *Ma-ʒit*, *Madre Saloméen*, Page 382, eft près de Chiras à fix lieues de Zji-raës, ou Zjie-raël.

(14) *Page* 14. Les Japonais appellent *Cavana-matta*, ou Cav-anna-matta, un de ces antres creufés dans le rocher. Le fimulacre qu'il renferme eft repréfenté monté fur une vache, ainfi que Mitras. Ils en ont d'autres, où, pour les diftinguer fans doute, l'épithète eft différente. L'un s'appelle l'antre de *I-ano*, l'autre *Io-bodais*, &c., ce qui reviendroit cependant au même, ces noms répondant à ceux de Junon & de Jupiter des peuples de la Grèce. Lutacius, Interprète du Stace, dit que ce font les Perfes qui ont introduit l'ufage d'adorer le foleil dans des cavernes. Montfaucon dit qu'il n'eft appelé Mitras, que parce qu'il eft fujet aux éclipfes ; que le taureau qu'il perce de fon poignard, marque la terre pénétrée de fes rayons, & le croit le même qu'Apollon. Les fept autels qu'on voit, dit-il, dans fon image, repréfentent les fept planètes ; il convient autre part que les Romains repréfentoient Mitras dans un antre en forme de temple, & que la Vénus célefte, portant le globe & Cupidon, fut adorée fous le nom de Mitras parmi les Perfes. Il ne nous dit pas ce que fignifie le mot *adorer*, que les modernes ont adopté fans en connoître la fignification. Au refte, l'Evêque d'*Adria* confidère Mitras comme le fymbole du foleil ; il l'appelle, *Titan*, *Ofiris*, *Mitraë*, &c.

Cependant ces grottes, dédiées à l'aftre du jour, devoient avoir une fignification. Les alarmes allégoriques qu'on renouveloit, qui même ont encore lieu dans les Grandes Indes, & notamment parmi les Japonois, fur la lumière éclipfée, répondroient à ce que toute la terre pleuroit, dans le même-temps, un perfonnage fous le nom d'*Ofiris*, d'*Adonis*, *Hiram*, *Thamus*, *Adonaï*, *Hypolite*, *Haffan*, &c. &c., comme on promenoit la bière d'*Europe* en Crète , & de *Junon* à Corinthe.

(15) *Page* 14. On ne comprend pas pourquoi Alexandre se trouve Alexandre Páris dans l'histoire de Troye , & pourquoi il a épousé Hélène , selon Chevreaux dans sa prétendue histoire du monde ; on ne comprend pas mieux ce que le serpent avoit à faire dans la naissance d'Alexandre ; ou enfin pourquoi sa mère *Olympia*, nom de la lune , en caressoit souvent. On ne conçoit pas non plus pourquoi les Persans ne connoissent le nom de *Darius*, que par celui de l'un des signes du Zodiaque.

(16) *Page* 14. Pocoke, ou son Rédacteur , nous instruit plaisamment , au sujet des grottes d'Athènes : la façade est , dit-il , dorique , mais d'un goût particulier. Le tout est couronné d'un *ouvrage* sur lequel sont des inscriptions ; au-dessus il y a une plinthe pour une statue. Au couchant de la façade , sont trois niches taillées dans le roc, au-dessus sont des colonnes corinthiennes. *On croit* que c'est l'antre où Apollon viola Creüse , fille du Roi Erecthée. A l'égard de l'aréopage, il devient plus affirmatif ; c'est là , dit il , que Mars fut jugé ; puis il nous assure que les deux ou trois voûtes, qu'on y voit taillées dans le roc , furent les prisons de Saint Paul. Voyez, pages 135 & 139, tome 6.

(17) *Page* 15. Ces danses agricoles se pratiquent encore dans tout l'Orient, & sont même en usage parmi les Musulmans. Elles sont une représentation de la révolution des astres. Les Phéniciens dansèrent en cercle , en l'honneur du soleil , devant le Sénat Romain.

(18) *Page* 18. A *Scheek-abade*, autrefois Antinoë, dans la Basse Thébaïde, on trouve des colonnes cannelées de l'ordre corinthien, au rapport de Nordem ; le pilier, ou plutôt la colonne nommée d'Absalon, se trouve d'ordre ionique , & présente une antiquité absolue, puisqu'elle est ménagée sur le roc même , qui a été élagué ensuite. Le temple que nos Voyageurs appellent aussi tombeau de Zacharie, & qui est taillé sur le roc, se trouve approchant du même ordre. Pocoke cependant, au sujet d'un temple qui n'est construit

truit qu'avec de grandes pierres, qui forment l'épaisseur
des murailles qu'il trouve fur la rivière de Fège, prétend
que les ordres n'étoient pas encore inventés, à caufe qu'il
ne trouve pas de chapiteaux fur les pilaftres. Il revient
à la charge au fujet du temple de Minerve, bâti du temps
de Périclès. On n'auroit pas, dit-il, manqué d'employer
d'autres ordres que le dorique & l'ionique, s'ils avoient
été inventés ; & il ajoute que la Doride, au couchant de
Zeïnton , a inventé le dorique. Ce qui contrarie fes
obfervations fur ce qu'il a trouvé en Égypte & qu'il
juge avoir donné aux Grecs l'idée du chapiteau corinthien ; ces monumens étant d'une antiquité bien plus
reculée que le temple de Minerve dont il s'agit. Enfin ,
il fe contredit encore au fujet des excavations du village
de Goffnon , près de Biban - el - meluké , dans lefquelles font des colonnes ménagées dans le rocher ; &
dont il parle lui-même ; il eft perfuadé , dit-il , que dans les
premiers âges du monde ces chambres tenoient lieu de maifons, & qu'elles fuivirent de près l'invention des tentes.
Il devoit donc confidérer la férie de tous les ordres pof-
fibles dans ces mêmes excavations , qu'il prétend être des
premiers âges du monde. Les colonnes feroient alors auffi
anciennes que le monde. Voyez Nordem, page 130,
& Pococke, pages 164 & 277, tome 2 ; page 399, tome
3 ; pages 87 & 128, tome 6.

(19) *Page* 19. « Les monumens font feuls capables,
» dit le Comte de Caylus , de nous donner quelques
» lumières, & la comparaifon des uns avec les autres
» nous fournit au moins des idées utiles. En effet, ces
antres que nous avons parcourus , & qui ne peuvent
avoir fervi que de temples ou monumens religieux ; font
des témoins irrévocables des féries de l'ordre de la colonne. Si l'on nous obfervoit que ces antres n'étoient
que des catacombes , nous prouverions le contraire , en
calculant l'efpace que peut contenir une momie ou un
vafe de cendre , multiplié par le nombre d'individus que
pouvoient contenir les contrées où fe trouvent de pareilles
excavations; nombre qu'il faudroit multiplier encore par
le renouvellement des poftérités de trente en trente ans ;
fuivant le calcul des auteurs qui ont écrit fur la population

C

Si l'on nous difoit que ces excavations fervoient de demeures aux premiers habitants de la terre, nous demanderions les moyens qu'on leur fuppofe pour avoir creufé le marbre & le porphyre, & pour avoir connu les arts & les fciences dont les objets qui décorent ces excavations font le réfultat.

Nous obferverions que dans les climats brûlans qui virent naître les arts, ce travail eût été inutile, attendu que l'on y couche encore fur le toit des maifons furmontées de terraffes, telles qu'on en voit en Perfe, en Syrie & à Carthée. Nous dirions que les cabanes font en ofier plâtré, près de Tibériade, & dans prefque toute l'Egypte; que celles des Arabes font conftruites avec des rofeaux; que près de l'Antiliban ils les élèvent de trois pieds audeffus de terre, & que les Turcomans en ont de pareilles; qu'ils couchent fur des fophas conftruits avec des branches d'arbres, à l'imitation des Indiens; que Lopi, Hiftorien de la Chine, cité par l'auteur des recherches philofophiques fur les Chinois & les Egyptiens; dit que les habitations de fon pays reffembloient aux nids des oifeaux; qu'enfin, toute habitation première étoit bâtie avec des feuillages ou avec de la terre & de l'argile.

Plufieurs Ecrivains font oppofés à Vitruve, au fujet de fa cabane ruftique, origine de l'Architecture. Il n'y eut jamais, difent-ils, aucun rapport entre les combles de l'Egypte, entièrement plats, & ceux des autres contrées.

(20) *Page* 19. Nous ferons imprimer à la fuite de nos recherches, quelques critiques qui ont été faites des Lettres fur l'Architecture. Il eft bon que l'on connoiffe la valeur réelle de ceux qui les ont faites.

(21) *Page* 20. Sur ce globe que l'on voit quelquefois également entre les mains de *Cérès*, de *Cybelle*, &c. font toujours indiquées les quatre parties du monde, en forme de croix, foit qu'elle n'y foit formée que par l'équateur & le cercle du zenith de ce même globe, foit pour répondre à ces mêmes croix qu'on voit fur les trépieds & fur les médailles, ainfi que celles qu'on voyoit entre les mains des Divinités Egyptiennes, citées par

plufieurs Ecrivains, & notamment par le Père Montfauçon dans fa préface.

(22) *Page* 23. On dit que cette ftatue de Vénus, en myrte verdoyant, étoit faite par Pélops ; fans doute qu'il la retailloit à mefure que croiffoit le myrte. A l'égard des jardins fur les temples, la tradition, parmi les Arabes, ainfi que l'obferve Pocoke, page 320, tome 3, porte, que la colonne à baffin, que l'on voit à Balbec, étoit deftinée à élever les eaux pour le jardin au-deffus de ce temple. Nous avons déjà obfervé quelques jardins dans l'intérieur des temples Japonois ; il en eft d'autres exemples.

(23) *Page* 25. On voit également des infcriptions fur diverfes montagnes. On en trouve dans la Chine fur la face du mont Tar-cham ; on en voit fur les rochers de la Sibérie, & fur les neuf colonnes de Pékin, que quelques Européens nomment tambours. On en voit fur les montagnes du Nord, qui vont joindre celles de l'Amérique Septentrionale. On en voit fur celles du nouveau monde, qui expliquoient fans doute la marche des divers peuples qui ont appris à fertilifer ces contrées.

(24) *Page* 25. Kempfer nous obferve que ces *Jomabos* deffervent fept temples à Nagafaky, feule ville qu'il pouvoit habiter lui-même, étant Européen. Il ajoute, que leur idole eft *Feudo* ou *Fudo*, affife au milieu des flammes, & qu'on trouve fouvent cette image fur les chemins, ayant des cheveux rouges, une flamme à fes pieds, & tenant une hache ou coutelas, comme le Jupiter l'Abradéem. Les Religieufes, appelées *Békines* ou *Bekini*, font fous leur tutelle, & fervent d'hofpitalières dans toutes les forêts, comme celles qu'on voyoit dans les forêts de Marfeille, au rapport de Lucain. Elles fe rendent chaque année au temple d'*Ife* ou d'*Ifis*, la Cybelle des Japonois. Ce voyageur nous cite des chaudières ou marmittes qui ont jufqu'à deux toifes de diamettre, & qu'on voit fufpendues dans les temples de ces Jomabos. Il met en fait, qu'il n'y a pas de Nation dans le monde qui entende mieux l'agriculture, puifque tout eft cultivé jufqu'aux endroits inacceffibles au bétail ; que les mon-

tagnes produisent du blé, qu'ils font deux moissons de
riz, & qu'ils disent tenir l'agriculture de *Sin-noo*, qu'ils
dépeignent avec une tête de bœuf, ou des cornes sur le
front, comme les Egyptiens peignoient Osiris. Voyez
Kempfer, pages 54, 69, 88, 102, 104 & 127, tome
1er, & 135, tome 2, *in-folio*.

SIXIÈME
LETTRE
SUR
L'ARCHITECTURE,

A M. le Baron DE *MARIVETZ.*

PAR M. VIEL DE SAINT - MAUX,
Architecte & Avocat en Parlement.

'A PARIS,

M. DCC. LXXXIV.

SIXIÉME LETTRE

SUR

L'ARCHITECTURE(*),

A M. le Baron DE MARIVETZ.

MONSIEUR,

L'ÉTENDUE que votre génie fait embraſſer, la grandeur du plan dont il s'occupe & qu'il remplit avec tant de ſuccès, en dévoilant les ſecrets de la Nature, en nous montrant ſa marche, ſes productions, les rapports éternels qui les lient entr'elles ;

(*) Pour ne pas interrompre le fil du diſcours, on a renvoyé à la fin de l'ouvrage toutes les notes, eu marquant exactement les renvois qui les indiquent.

A ij

& en revêtant tout cet enfemble d'une élocution brillante & perfuafive ; ne vous empêchent pas de jeter un coup d'œil fur des détails qui fembleroient devoir fe perdre dans l'immenfité de votre objet, de lés diftinguer, de les fuivre, de les analyfer, d'en faifir les liaifons avec le fyftème général, & de leur y donner la place & l'importance qui leur eft due.

Je ne fuis donc pas étonné que votre amour pour les Sciences & les Arts vous faffe defirer quelques remarques fur ce qui concerne l'Architecture moderne, & ce qui peut avoir maintenu jufqu'à ce jour tant de préjugés fur l'origine de cet Art. Vous voulez juger par vous-même, fi l'on doit rejeter les nouveaux apperçus. Vous demandez fi les principes fuivis, fi les idées admifes fur ce qui conftitue les beautés particulières & les rapports de convenance d'un édifice, ont dû prendre force de loi parmi les Artiftes, & fi le génie des monumens de l'antiquité leur devient utile à connoître. C'eft, Monfieur, ce que je vais vous expofer avec franchife.

Les anciens ne confondoient pas l'Architecture facrée avec l'Art de conftruire des logemens particuliers. Les colonnes n'étoient employées que pour les temples & les monumens de la nation, toujours confacrés, ainfi que les arcs de triomphe, à la Divinité qui fait profpérer les Peuples. Ceux que le vulgaire appelle idolâtres, diftinguoient particulièrement le lieu de fes invocations & de fon culte d'avec la demeure modefte du Citoyen (1). Tout étoit fublime & majeftueux dans ces monumens religieux ; ils indiquoient aux yeux & à l'efprit l'efpace immenfe qui règne entre l'Eternel & l'efpèce humaine.

Chaque Nation tâchoit de se surpasser par la magnificence des temples; c'étoit à qui trouveroit les idées
les plus majestueuses & les plus sublimes. Ici l'appa-
rente jonction des entre-colonnemens causoit un
doux ravissement (2) ; là une noblesse de formes,
liée à celle des symboles, élevoit l'ame du spectateur ; tout le portoit au respect, tout l'instruisoit
des causes de la Nature. Des autels, quelquefois
espacés dans les temples, pour offrir les nouvelles
productions, peignoient à l'esprit les périodes,
suivant lesquels le Créateur propage journellement
ses bienfaits. Ces autels ne gênoient point la construction du temple, & n'étoient pas placés dans
des reduits séparés. Tout avoit pour objet de porter
l'espèce humaine au culte religieux. L'antiquité
n'eut jamais admis dans un temple les restes d'un
mortel. Jamais elle n'eut permis d'indiquer sur
ses murs, par un litre ou bande noire, la mort
d'un individu. Les temples étoient consacrés à
Dieu & non à l'intérêt des deffervans (3).

Les monumens de la Nation ne se ressembloient
point. On réservoit aux modernes cette froide
monotonie. Comment se seroient-ils ressemblés,
si chacun peignoit par sa forme expressive une des
causes qu'il étoit utile de retracer aux yeux ? La
terre ne fut jamais plus honorée que par ces chefs-
d'œuvre. Jamais Nation n'auroit pu obtenir quelque
illustration parmi les anciens, si elle n'eût offert
dans les séries de ses monumens un titre indé-
lébile de ses travaux & de ses apperçus. Eh !
pourquoi nous auroit-on transmis qu'une Nation
se glorifioit du nombre de ses Architectes & de
leur habileté, si l'Architecte n'eût été qu'un vil
ouvrier qui, par des dimensions coutumières, n'eût

fait ici ou là que ce qu'on voyoit exécuté à cent pas ?

Cependant tous ces édifices qui, par leurs formes diverfes, leurs types fymboliques & leur fuperbe ftructure, devoient étonner la poftérité, n'ont été confidérés que comme l'ouvrage de l'orgueil des Nations, ou fouvent comme des monumens étrangers aux règles de la bonne Architecture ; tout n'a paru que règles & proportions aux yeux des modernes. Ces étonnantes pyramides orientées vers les Poles de là terre, dépouillées par la barbarie des marbres hiéroglyfiques qui les couvroient, n'ont été prifes que pour des tombeaux, de même que ces magnifiques baffins deftinés pour les oblations ou l'eau luftrale. La plupart des fujets allégoriques qui embelliffoient les monumens, n'ont pas femblé recommandables, lorfqu'ils ne fe font pas trouvés conformes à ceux qui étoient en ufage chez les Grecs. Nos Artiftes ignorent que la Grèce tenoit tout des Peuples Afiatiques, même à ne confidérer leurs monumens que fous l'afpect du beau genre & du ton majeftueux.

Quant à l'expreffion fymbolique, les édifices élevés dans le Bas-Empire ne s'écartèrent pas autant qu'on le pourroit croire, de l'efprit de l'antiquité. Les révolutions ou le mêlange des Peuples qui coopéroient à leurs conftructions, n'empêchoient pas qu'on n'obfervât dans cette Architecture les rapports trouvés par le génie des anciens. Divers monumens élevés avec les débris de monumens plus recommandables, n'en ont pas moins eu le caractère emblématique, quoique on y apperçoive des gradations marquées. L'Architecture que nous nommons Gothique ou Arabefque n'eft pas auffi éloi-

gnée qu'on le croiroit de ces mêmes symboles ;
quelque différent que soit d'ailleurs ce genre de
construction. Il est aisé de s'en convaincre, en
comparant les monumens de cette espèce avec ceux
qui sont répandus dans la Perse & dans le Mogol,
& qui offrent le même caractère (4).

Cependant les dénominations de ce temps n'ont
plus les mêmes significations, quoique tout se soit
transmis de siècle en siècle jusqu'aux statues coloffales à la porte des temples. Elles peignoient les
productions utiles portées à travers les rivières ou
au-delà des mers, & étoient représentées comme
enfans de la terre. Les temples ont encore des rapports plus ou moins directs dans leurs qualifica-
tions avec le bœuf ou le taureau, symbole du labourage parmi les anciens, & nombre de monas-
tères portent le titre de culture. Quoi qu'il en
soit, les modernes, jaloux de former un monde
séparé, & de donner de nouvelles interprétations,
ont créé jusqu'à de nouveaux âges sur les connoiffances humaines & l'origine des Sciences & des
Arts.

Après les constructions aussi-tôt démolies que
faites dans les troubles du 12ᵉ au 15ᵉ siècle ; après
qu'on eut fait de mauvaises copies de l'Architecture Arabesque, où le goût de découper la pierre
s'est entretenu quelque temps, on a adopté insen-
fiblement un genre d'Architecture plus analogue à
celui des Grecs & des Romains. Ce genre plaisoit
sans doute aux Artistes, puisque Van-aest nous
dit que l'Architecture de son temps étoit aussi flo-
riffante que la langue latine du temps de Cicéron.
On la confidéroit probablement comme le seul
genre que pouvoient adopter les modernes, dont

les mœurs & les édifices font oppofés à ceux des anciens (5). Cette Architecture repréfentée en bas-relief, fe lioit infiniment avec la Sculpture qu'on appeloit *baffe taille*. Elle devenoit moins difpen-dieufe dans fes parties décoratives. Elle laiffoit les colonnes pour les temples & les monumens de la Nation; mais ce genre ne put tenir contre le cahos d'opinions des Artiftes divers.

Tandis que chacun projettoit des formes & des monumens à fa guife, que chacun prétendoit faire revivre l'antiquité dans fes propres productions, que les avis fe multiplioient fans favoir fur quels principes on cherchoit à les établir ; tandis que les carrières prefque épuifées, fourniffoient avec effort pour quelques chefs-d'œuvres & pour mille avor-tons en Architecture ; tandis que l'un vouloit faire loi, que l'autre plus modefte préfentoit fon opi-nion comme hypothèfe, cet Art utile, d'où dé-pend la fécurité des hommes, la beauté des villes, la majefté des temples (6), cet Art qui peut rendre au Citoyen la vie faine & agréable, felon les lo-gemens qu'on lui conftruit, cet Art enfin qui doit avoir les principes les plus ftables, puifqu'il en-traîne dans les plus grandes dépenfes, fut livré à l'arbitraire par le concours des opinions oppofées. Ce fiècle même, où les lumières de la raifon hu-maine femblent portées au plus haut degré, flotte encore dans une incertitude indécente fur tous les rapports de cette Reine des Arts. Examinons la fource qui a pu produire une telle erreur.

Les écrits relatifs à l'Architecture parmi les an-ciens, n'étant point parvenus jufqu'à nous, malgré le nombre des grands Hommes qui s'étoient occu-pés de tranfmettre les idées de l'antiquité, les mo-

dernes ne trouvèrent qu'un seul livre que l'intérêt
particulier fir recommander à tout ce qui vouloit
s'inftruire dans cet Art. La terre obligée de suivre
la lune dans ses révolutions, des Isles qui n'ont
jamais existé à l'endroit où on les place, des contes
puériles sur l'origine des Sciences & des Arts, &
des contradictions sans nombre, voilà sans doute
les merveilles qui le firent adopter par les Artistes de ce temps (7). On y trouve néanmoins des
préceptes sans fin sur les connoissances que doivent
avoir les Architectes ; Sciences, Arts, Physique,
Médecine, Poésie, Musique, étude des Loix, &c.
&c. font autant d'objets qui doivent lui être familiers ; mais cet Auteur réputé antique ne fait en-
visager les monumens de l'antiquité que par les
rapports de leurs dimensions.

Ceux qui avoient lu cet Ecrivain (*), ne manquèrent pas de citer les préceptes qui peuvent
former un Architecte, préceptes que plusieurs ne
suivirent point, & que quelques-uns aujourd'hui
ne suivent pas davantage. Mais tous firent des livres
de dimensions, & répétèrent des contes de vieilles
sur l'origine de l'Art ; ils parvinrent même à rendre
cette origine plus barbare, car il faudroit retracer
selon eux sur les monumens les plus superbes, les
rapports de la cabane du premier mortel, cabane
qui, à les croire, a tout produit, tout suggéré.

Les proportions diverses sur les ordres d'Architecture, les discussions qu'elles ont produites, ne
devoient pas manquer de remplir les vues qu'un
intérêt caché avoit dictées ; elles devoient faire

_____

(*) Vitruve.

prendre l'ombre pour le tableau , & éloigner de plus en plus les Artiftes du génie des monumens de l'antiquité. Chacun crut paffer à la poftérité , en s'érigeant comme précepteur de la Colonne : tandis que les opinions s'entrechoquoient , M. de Chambray , célèbre amateur , fit graver fur les mêmes planches , en forme de parallèle , les ordres d'Architecture , fuivant les rapports & les dimenfions des plus doctes , afin qu'on s'occupât déformais plus utilement , puifque l'antiquité n'offre point deux édifices dont les parties foient femblables ; mais notre amateur ne fut point écouté. L'illuftre Perrault ne le fut pas davantage dans fes favantes differtations fur les cinq ordres de la Colonne , & l'on continue encore de nous donner des dimenfions (8).

Ce n'eft pas tout. Pour qu'il exiftât un certain nombre de livres fur l'Architecture, & pour multiplier les abus , un paffage de Vitruve fit élever une autre difpute fur le nombre des modes de la Colonne. Les uns ne vouloient reconnoître que trois ordres d'Architecture admis , difoient-ils , par les Grecs ; les autres en demandoient cinq , en criant qu'ils avoient été reconnus par les Romains , & employés avec fuccès par les plus illuftres modernes , tandis que , pour les mettre d'accord , quelques-uns proposèrent un fixième ordre dans lequel le chapiteau étoit orné de panaches , ou plumes d'autruches ; ornement bien placé dans une partie qui fupporte le poids immenfe de l'entablement , & belle manière de terminer une difcuffion (9) !

Mais que faire de tous ces fuperbes veftiges de l'antiquité qui n'avoient pas le bonheur de reffembler à ces ordres de colonne , ni aux prétendues

proportions que chacun vouloit fuivre ? On étoit
en peine de trouver un moyen conciliatif ; l'Italie
féconde en dénominations, vint au fecours des Artiftes ; elle appela le tout *Compofto* ou *Compofito*.
On oublia de demander fi ce mot défignoit com-
pofition de génie, ou bien compofé de types &
de fymboles ; mais cela auroit fignifié allégorie,
& l'on ne vouloit point en reconnoître. Il en eft
réfulté que tout le globe a été couvert, & l'eft encore des monumens *Compofto*. Nos Architectes
n'ont pas vu plus loin, fous prétexte, difent-ils,
que les Romains composèrent un chapiteau. On
pourroit leur obferver qu'ils en composèrent mille,
pour répondre aux objets fymboliques qu'ils vouloient exprimer.

Il eft aifé d'imaginer que la diverfité des idées
fur les parties acceffoires d'un édifice, a étendu la
confufion fur toutes celles de l'Art ; que cette confufion a influé fur la difpofition, la convenance
& la manière de conftruire. Le génie rétréci &
guidé par les parties, n'a dû voir qu'elles, & a
facrifié l'enfemble aux acceffoires (10). Auffi, tandis
que l'un accouploit les colonnes, l'autre lui crioit
qu'elles devoient être efpacées, fans favoir que
l'antiquité les réuniffoit quelquefois jufqu'à trois.
Si celui-ci plaçoit des ordres l'un fur l'autre, celui-là citoit des veftiges où les corniches ne formoient qu'un feul couronnement. Enfin, parvenus
à ne plus s'entendre, chacun a difpenfé par tout
à fon gré ce qui n'étoit fait que pour caractérifer
les monumens du culte ou les palais des Rois, vrais
fanctuaires de la Nation. Aujourd'hui un temple,
un théatre, un hôpital, une fontaine ou un portail
font annoncés par des colonnes, de même qu'à

l'Opéra on exprime par un entrechat, une victoire, un sacrifice, une hymenée ou la mort d'un Héros.

Personne n'a écrit sur la manière de produire cet enthousiasme qui ravit l'ame du spectateur, à la vue des monumens recommandables. Personne n'a développé ces précieux effets, ni établi des principes qui, propres à former le génie, éloigneroient l'esprit de ces minuties qui caractérisent les Artistes ordinaires (*). Ceux qui ont illustré l'Architecture moderne, se sont contentés de montrer dans leurs productions cette trace sublime qui constitue le grand faire; mais n'ayant pu exécuter la classe entière des monumens, ils nous ont privés de leur lumière féconde, & se sont bornés à nous dire qu'ils s'étoient formés sur les monumens de l'antiquité.

Les productions de ces hommes qui ont honoré leur Art, n'ont été analysées que sur des parties minutieuses. *Scamozzi*, par ce moyen, critiquoit *Palladio; Briseus* déclamoit contre *Perrault*. D'autres ont trouvé des défauts sans nombre à sa colonnade du Louvre, dont l'ensemble est si sublime qu'il est impossible d'en considérer l'une des parties sans la rapporter au tout (11). Le superbe Palais appelé Luxembourg, a eu le même sort; la Porte Saint-Denis, privée de colonnes, & par consé-

---

(*) Parmi le nombre d'habiles gens qui seroient à même de traiter ces objets essentiels, M. Peyre le Jeune seroit responsable envers la société des talens que lui prodigua la Nature, s'il ne mettoit au jour les lumières qu'il a acquises à cet égard. Il suit les traces, dans toutes ses productions, du fameux Palladio.

quent de leurs dimenſions , a laiſſé moins de priſe à l'ignorance ; enfin de nos jours on a écrit qu'aucun des édifices Romains ne méritoit conſidéra-tion ; que les monumens de la Grèce n'offroient pas un ſeul profil qui fût paſſable. La démence eſt arrivée à un tel point , que le profil d'une corniche ou d'une moulure eſt devenu l'objet princi-pal d'un édifice (12), tandis qu'on n'eſt pas d'ac-cord ſur la vraie place de cette corniche ou de cette moulure.

Puiſque les parties diverſes qui compoſent un édifice , avoient occaſionné différentes opinions , les frontons plus étendus en ſurface , devoient en produire un plus grand nombre. Auſſi, tandis que l'un en faiſoit de circulaires , l'autre diſoit qu'il les falloit pointus pour répondre au toît de la ca-bane du premier mortel. Si celui-ci ſe récrioit contre l'immenſité du fer qui paſſe au travers des pierres pour les lier enſemble , & prêchoit contre l'inuti-lité des frontons qui quelquefois font paroître l'édi-fice écraſé ; celui-là répondoit qu'un fronton deve-noit néceſſaire & même inévitable. En un mot , pour comble de biſarrerie , on imagina qu'un fronton devoit être ſuſpendu en forme de reli-quaire. Un de nos Architectes propoſoit d'en ac-crocher un ſur le portail de Saint Sulpice par le moyen de dix - huit potences. Voilà le fruit des principes modernes de l'Architecture.

A-t-il été queſtion d'un temple ? Alberti nous dit qu'il ne conçoit pas en quoi il pourroit différer d'un Palais à plaider , tandis que Cordemoi nous aſſure qu'une égliſe doit être en proue de vaiſſeau, parce que les Diacres font des Matelots , & qu'ils doivent être retrouſſés. Si Alberti veut que l'autel foit devant le tribunal , fans nous dire quel eft ce tribunal , Cordemoi fious obferve à propos d'Architecture que les Evêques font les feuls juges des hommes fur la terre ; en un mot , fi Palladio veut des églifes rondes pour repréfenter la Divinité , Serlio en veut une qui ferve de fort & de citerne en cas de befoin ; fi Palladio obferve qu'on déshonore les Chrétiens en les appelant avec des cloches , Serlio veut que les Prêtres foient logés au-deffous d'elles ; & tandis que Laugier veut une églife en carreaux de vitres , Cordemoi dit que les hommes font trop bornés pour en faire une qui foit digne de Dieu. Il oublie fans doute qu'il vouloit en faire en forme de bateau , & qu'à la fin de fon livre une églife eft une mamelle.

A-t-on voulu difcuter fur la durée d'un édifice , & fur le plus ou le moins de pouffée que procuroient certaines conftructions , on a refuté l'avis de Frezier , le plus inftruit dans ce genre ; & après quelques mots qui prêtoient plus ou moins à la difcuffion , on lui répond par le récit des miracles , par les vers faits à Saint Félix & à Prudence , par les prodiges arrivés au tombeau de Saint Pancrace ; & lorfque Frezier parle des plates bandes , pour revenir à fes moutons , l'autre réplique qu'il eft un poltron , & dans fon délire , nous décrit une églife toute d'or , faite à Lyon par l'Evêque Patientius , où le foleil , dit-il , ne fe connoiffoit plus , où les vitres étoient de faphirs , le pavé de jafpe , &c. C'eft ainfi qu'on a joué l'Architecture & les favans qui lui étoient utiles. L'hiftoire de cette difpute fe trouve dans l'Architecture de Cordemoi , livre qui commence , je ne fais pourquoi , par les conftitutions apoftoliques.

Oui, Monsieur, on a cru sanctifier toutes les absurdités qu'on a écrites sur l'Architecture, en y joignant des citations qui seroient mieux placées dans les livres pieux ; & nos Ecrivains sont semblables à ce Curé qui, lorsqu'il manquoit de mémoire ou d'expressions, y suppléoit par le mot de *Jésus-Christ*. Serlio & Pierre Van-aest prêchent dans leurs ouvrages ; & tandis que les autres, à propos de colonnes & de chapiteaux, nous font des sermons, Delorme, au sujet d'une ligne perpendiculaire sur une autre, s'écrie que cela forme une croix, & que la croix de notre Sauveur étoit connue des premiers Egyptiens. Malesieux fait des réflexions du même genre à propos d'une ligne tangente au cercle. L'Auteur des monumens de la Grèce ne fait descendre la Basilique de St. Pierre de la première cabane, que pour citer Constantin & sa croix dans l'atmosphère ; &, tandis que Palladio cite l'endroit où Saint Pierre fut crucifié, l'Auteur de la maison rustique décrit les quatre sortes de bois qui composèrent la Sainte Croix (13).

Félibien, à propos de rocaille, parle de Saint Michel & de Saint Jacques ; à propos de marbre, cite la Sainte Baume & le temple de Jérusalem ; pour expliquer la Mosaïque, les noms de Sainte Agnès, de Saint Pierre & de notre Sauveur se présentent à lui. Blondel, à propos des grilles des jardins qu'il veut qu'on peigne en verd, saute tout d'un coup à celle de l'église de Notre-Dame de Paris, & se plaint qu'il ne voit pas assez bien les Saints Mystères. Le Rédacteur de Vignole, à propos de croisée, transporte le lecteur à Rome, pour parler de celle où le Pape bénit la terre ; &, au sujet des cheminées, il lui fait faire le même chemin pour

citer celle d'un *Illuftriffimo* , comme fi nos Princes
n'avoient pas des cheminées. L'Auteur Italien d'un
ouvrage d'Architecture , faché de ce que ceux qui
écrivent , ne font pas affez de citations étrangères,
les blâme de ne pas faire mention dans tous leurs
ouvrages , de ces flammes qui manquèrent de dé-
vorer les ouvriers qui vouloient fouiller & rebâtir
le temple de Salomon (14).

Mais , tandis que l'un obferve que cailler du lait
c'eft comme bâtir, que l'autre trouve l'Architecture dans l'art poëtique d'Horace ; tandis que celui-ci veut qu'on aille à confeffe avant de commen-
cer un bâtiment , que celui-là propofe de laver les
pierres dans un torrent avant de les employer ,
que d'autres affurent qu'il faut piffer dans le mortier pour le bien & la durée de l'édifice ; Mathurin
Jouffe nous obferve que , pour mettre de niveau ,
il faut toujours lever le bout qui penche ; tandis
que l'un nous apprend qu'une maifon d'un feul
étage coûte moins à bâtir que fi elle en avoit deux ,
qu'un autre nous enfeigne que , pour faire un puits,
il faut fouiller jufqu'à ce qu'on ait trouvé l'eau ,
un autre s'écrie que la coupe des pierres eft inutile à favoir , que la Géométrie eft trop févère ,
& qu'il ne faut qu'une teinture de cette fcience
pour connoître la pénétration des corps.

Ce n'eft pas tout ; celui-ci voulant empêcher les
tremblemens de terre ou leurs effets , nous enfeigne à châtrer le poiffon, & indique la quantité
de fel qu'il faut donner aux moutons. Il nous
affure que l'eau eft un des quatre élémens , que Babylone étoit trop grande , puifqu'on ne pouvoit fe
vifiter tous dans la même journée ; enfin il prétend
que quatre mille hommes en ont battu quatre
millions ,

millions, & finit par nous apprendre à faire des
enterremens en deux actes ; le premier, fait uniquement pour la pompe, ne doit avoir, dit-il, que la
figure de l'enterrement, être majestueux & bien
éclairé ; le second se fait dans la nuit profonde,
& tandis que le mort s'en apperçoit le moins, on
doit le sortir par une porte dérobée pour le porter
au cimetière ; il ne nous dit pas si les quatre millions
de Babyloniens furent enterrés de cette manière.

Parmi les Ecrivains qui ont enrichi de cette sorte
les principes de l'Architecture, Jean-François Blondel est le plus modeste ; il veut par ses productions
inspirer du dégoût contre tout ce qui n'est pas su-
périeur & même poussé jusqu'à l'excellence, & dit
ensuite qu'il ne veut pas donner des desseins trop
magnifiques, parce qu'ils seroient au-dessus de la
portée ordinaire. Il ordonne de peindre les chambres
de parade en couleur de bois comme les réfec-
toires, & de placer sur un fond blanc les tableaux
des grands maîtres ; il veut que les dessus de porte
soient tous faits en rocaille, & observe ensuite
qu'on ne sauroit mieux imaginer ; qu'un Architecte soumet les beaux Arts à son génie, qu'ils se
font rangés sous ses loix avec prudence.

L'élève de celui-ci qui a réuni, à ce qu'il dit,
la partie historique à celle de l'Architecture dans
ses monumens de la Grèce, nous apprend que Ci-
mon trouva les os de Thesée, (c'est-à-dire les os du
soleil). Il nous dit qu'une pierre pyramidale donna
l'idée des pyramides, & que *Deucalion*, (c'est-à-
dire *invention*), construisit le premier temple de
Jupiter en Grèce. Pour ce qui concerne l'Architecture, il ne comprend pas les canelures des colonnes, les chapiteaux à trois faces, les niches

B

taillées dans le roc, ni les trois figures qui préfident aux combats des Centaures. On ne peut pas lui demander ce qu'il a été faire en Grèce, il nous cite le jour qu'il dînoit avec le Capucin Agat-Ange.

Voilà, Monfieur, les idées lumineufes de nos Architectes. Alberti, il eft vrai, les a pouffées plus loin & devient plus récréatif. A propos d'Architecture, il raifonne fur la conformation de la matrice, & cite l'efpèce de cheveux que les femmes étoient obligées de donner à Séfoftris lorfque leurs maris fe laiffoient vaincre (15). J'ignore ce que les anciens qui faifoient leur principale étude de l'Architecture, auroient penfé de tels écrits. Quelques amateurs qui les ont parcourus, aimeroient mieux ne jamais lire que de perdre leur temps à des occupations auffi vaines.

Comme parmi les anciens, un Architecte réuniffoit les connoiffances & les diverfes parties qui conftituent fon Art, que parmi les modernes, la fortification, l'Architecture navale, celle des ponts, & quelquefois celle appelée rurale font détachées de ce qui caractérife un Architecte parmi nous, on croiroit fans doute qu'il n'étoit plus poffible de diminuer le nombre des connoiffances néceffaires à ceux qui profeffent cet Art. Je vais prouver le contraire, après avoir développé l'obligation d'un Architecte envers la fociété.

On nous a dit cent & cent fois qu'un Architecte devoit connoître & pratiquer les Sciences & les Arts. La Phyfique, la Méchanique, l'étude des Loix, la Mufique & même la Médecine ont été recommandées dans ces préceptes. En effet connoîtra-t-il cette harmonie qui doit régner entre les parties & l'enfemble d'un édifice, fi le deffin & ce qu'on nomme magie de la Peinture n'accoutument fes yeux & ne forment fon génie ? Connoîtra-t-il l'effet des parties élevées, fi les règles de l'optique & de la perfpective ne le guident ? Diftinguera-t-il cette liaifon intime & cet accord qui doivent régner entre la Sculpture & le refte du monument, s'il n'a pas modelé lui-même, ou s'il n'a pas cultivé cet Art ?

Comment l'Architecte calculeroit-il la pouffée & les divers taffemens ? Comment connoîtrait - il le centre de gravité de tout l'enfemble, centre qui agite ou balance le poids de l'édifice, s'il méconnoit les loix de la Statique (16) ? Répondroit-il de la durée & de la qualité de ce qu'il met en œuvre, fi la Phyfique lui étoit étrangère ? Pourroit-il orienter fes édifices, & les rendre falubres, apprécier le fol, & fentir, relativement au climat, ce qui devient utile à la confervation de fon efpèce, s'il ignore entièrement cette fcience que quelques-uns appellent augurale ? En conftruifant un édifice où les fons doivent fe propager fans former d'écho, fentira-t-il quelle eft la forme la plus convenable de fon monument, s'il n'a point de notions de l'Art enchanteur pour lequel il opère ? En un mot, fi les loix civiles font inconnues à un Architecte, celui qui lui donne fa confiance devient à plaindre. Une conftruction quelconque devient ordinairement le fujet de difcuffions entre les ouvriers & le propriétaire, entre celui-ci & ceux qui l'avoifinent.

L'économie doit guider l'Architecte, & lui faire facrifier la vaine gloire de prodiguer des décorations dont la dépenfe eft ignorée de celui qui le commet, pour fe borner au beau fimple ; il doit

s'oppofer avec fermeté à la cupidité des différens
ouvriers. Il doit fentir l'enfemble de l'édifice qu'il
projette (17); les effais qu'il feroit feroient un vol
manifefte, comme l'effai d'un médecin fur le corps
devient un affaffinat. Il doit donner à fon bâtiment
la difpofition la plus avantageufe. Un terrein peut
fe difpofer de mille manières, & il en eft d'après
lefquelles un édifice devient plus précieux & plus
lucratif dans fes produits. En un mot, l'Architecte
n'eft digne de fon miniftère qu'autant qu'il fait apprécier au jufte la dépenfe entière de ce qu'il veut
exécuter (18). Tant pis fi les plus dignes parmi eux
ne font point employés, tant pis pour le particulier qui place mal fa confiance, & tant pis fi la
plupart des édifices ne femblent faits, dit Palladio,
que pour faire rire le fpectateur, & méprifer celui
qui les fait conftruire! Céfar fit démolir une maifon
qu'on lui avoit bâtie, lorfqu'il la vit pour la première fois.

Mais la Science eft longue à acquérir. Plufieurs
font accroire qu'ils l'ont acquife, finiffent par fe
le perfuader à eux-mêmes, & écrivent contre les
Architectes ignorans, tandis que quelques autres
achètent la Science moyennant 12,000 livres & les
frais d'un repas; l'opinion du Public & celle de
notre Jurifprudence fe trouvent jointes à leur ac-
quifition. Ceux-ci fe qualifient d'Architectes jurés,

Oui, Monfieur, le moindre ouvrier pourroit d'ici
à demain devenir leur égal, & réunir dans un inftant
tout ce que les préceptes fi fouvent répétés peuvent
exiger d'un Architecte; il en feroit quitte pour un
petit examen qu'ils appellent Géométrie, & où
l'on demanda une fois au Candidat de mener une parallèle à un point. Il eft vrai qu'il faut favoir par cœur

tous les termes barbares adaptés à l'Architecture ;
mais en revanche il eſtimeroit les ouvrages quel-
conques ; ſon eſtimation ſeroit ſuivie, & il ſeroit
en même temps entrepreneur & Architecte, c'eſt-à-
dire, juge & partie (19).

A l'égard des Maçons, qu'ils ſoient reçus experts, ou qu'ils ne le ſoient pas, c'eſt le métier
par excellence. Il leur ſuffit de porter toujours le
même habit & la même perruque pour faire croire
que les gains ſont modiques ; & leur Science conſiſte à décrier les Architectes, afin qu'on n'en prenne
jamais pour les ſurveiller. Le plus grand nombre
des maîtres Maçons offrent des plans gratuitement,
& qu'ils diſent avoir faits eux-mêmes. Le particulier, dans cette épargne de quelques louis, croit
avoir fait merveille ; ſa maiſon eſt mal conſtruite,
mal-ſaine, & lui coûte le double : le Maçon finit
quelquefois par en être le propriétaire, tandis que
l'autre s'eſt ruiné avant que le troiſième étage ait
été conſtruit (20).

Le toiſeur ſe donne également pour Architecte, ſelon qu'il veut ſe marier plus ou moins
avantageuſement, ou acquérir de la confiance dans
la maiſon qu'il occupe. La Science de celui-ci ne
conſiſte qu'à ſavoir meſurer les ouvrages & dreſſer les
mémoires qui doivent être préſentés, & ſon école
qui ne manque jamais d'élèves, peut être conſi-
dérée comme l'écurie de l'Architecture. Cependant
c'eſt le toiſeur le plus fécond en rubriques, qui, par
les divers ouvriers, eſt employé de préférence. L'un
d'eux trouva naguère qu'un édifice devoit être payé
cinquante mille écus de plus que ne l'avoient apprécié les plus habiles Architectes. En reconnoiſ-
ſance, le Maçon lui fit cadeau d'une charge de

Juré, afin que son sentiment prévalût (21). Son adresse à séparer par articles divers, ce qui doit être réuni, afin de compter des demi-faces, des écarrissemens, des refouillemens, des évidemens d'angles, des paremens &c., étoit un chef-d'œuvre pour enrichir l'entrepreneur qui, sans doute, dans tout ce qui n'existe qu'en imagination, donne à son toiseur tant par mille de ce produit, sans compter tant par mille de ce qui existe véritablement.

C'est par ce que nous appelons us & coutumes des bâtimens, qui ne sont que les usages des siècles de barbarie, & qui ne se rapportent point à notre façon de construire, que les ouvriers trouvent à s'enrichir. Ces coutumes, disent Savot & Blondel (*), peuvent s'interprêter à volonté, & deviennent une source de procès. Celui qui fait bâtir déroge à ces coutumes dans les marchés qu'il fait, s'il ne veut payer le vuide pour le plein, ou comme l'observe Desgodets, la huitième partie pour le tout dans certains articles, & l'entrepreneur se garde bien de citer l'arbitraire de ces usages lorsqu'il a persuadé au particulier de ne point prendre un Architecte, qu'il appelle alors une cinquième roue à un carrosse, sous prétexte que l'ouvrage sera estimé. C'est lui dire, « laissez-moi faire & vous serez trompé (22) ».

Par exemple, un pilier ou une colonne qui aura deux pieds de diamètre sur quatorze pieds de haut, qui ne contient que cinquante-six pieds cubes

***

(*) Il ne faut pas confondre ce Blondel avec celui dont nous avons parlé ; celui-ci est l'auteur du fameux monument de la Porte S. Denis. Il étoit Maréchal-de-Camp, Conseiller d'Etat, & fut chargé de plusieurs négociations dans les Cours étrangeres.

de pierre, eſt quelquefois comptée comme ſi elle
en contenoit cent douze, ſous prétexte que l'uſage
permet de multiplier un diamètre de plus, pour ce
que l'entrepreneur appelle demi - faces. Une corniche d'un pied de haut ſera comptée comme ſi
elle en avoit quinze, ſelon les petites moulures
dont on l'aura ſurchargée ; la plûpart des moulures
étant comptées comme ſi elles avoient ſix pouces
d'élévation, &c. Le toiſé des bois eſt auſſi ſingulier ; on ne compte que par ſolives, & quelques
pouces de plus ſur la longueur ſont comptés comme
quart de ſolive, ce qui, multiplié par la groſſeur
des bois, fait une différence conſidérable dans le
total d'un édifice.

Mais, tandis que le particulier ignore que l'Architecte inſtruit peut le tirer des mains de la cupidité, le Maçon fait des conſtructions à ſa guiſe,
& propoſe des rues nouvelles ; il cite les maiſons
qu'il a déjà bâties avec des platras & des bois de
décombres. Ses croupiers engagent juſqu'à nos
Grands à acquérir, démolir & reconſtruire. Que
leur importe ſi la Capitale eſt déjà trop grande, ſi
elle dévorera le royaume ? Que leur importe ſi les
carrières s'épuiſent, ſi la ſalubrité s'altère en conſ-
truiſant ſur ce qui étoit partie aérée ? Que leur importe ſi les mœurs ſe reſſentent de la multiplicité
des conſtructions, puiſque le moindre individu,
pour être logé ſeul, fait uſage de tous les moyens ?
Qu'importe enfin à celui qui n'eſt guidé que par
l'intérêt, ſi Paris a des maiſons & des monumens
qui ſoient recommandables, ſoit dans l'Art de décorer, ou dans celui de conſtruire (23) ?

Cependant, votre attachement pour le bien public vous feroit deſirer que l'Architecture fût un

peu plus connue, afin que tout contribuât aux progrès de cet Art utile. C'eſt dans cette vue que j'en ai eſquiſſé la marche & les entraves. Quel avantage ne retireroit pas cette Reine des Arts, ſi la réunion des Savans la rendoit moins ſuſceptible d'interprétations arbitraires dans ſes principes & dans ſes rapports? Ses productions en ſeroient plus ſublimes, & nous verrions diſparoître les abus. « Je ſouhaiterois, diſoit le feu Comte de Wanneſtin, que l'Architecture formât une des claſſes de l'Académie des Sciences ».

J'ai l'honneur d'être , &c.

NOTES.

(1) *Page* 4. CÉSAR ordonna de bâtir avec modeftie ; Valere fit à cet égard abattre fa nouvelle maifon ; Augufte fuivit cet exemple. Il falloit avoir vaincu à l'armée pour avoir des portes ouvrantes fur la rue. Le luxe introduit dans Rome , occafionna des innovations. Il fe peut même que , fous prétexte de loger fes Pénates , on ait décoré les lieux qui leur étoient deftinés.

(2) *Page* 5. Les anciens aimoient à confidérer les fuites des colonnes , & defiroient que , fous plufieurs afpeéts, l'efpace qui les fépare , ne fût pas fenfible ; les colonnes alors femblent donner du myftérieux à tout l'édifice , c'eft ce que nous appelons apparentes jonétions des colonnes ou des entre-colonnemens.

(3) *Page* 5. Alberti , Chanoine de Florence , fe recrie dans fon traité d'Architeéture fur ce que l'on enterre dans les églifes. Il obferve que dans des circonftances on défendroit mieux le tombeau de fes pères. Il cite à cet égard les loix des douze tables , *n'enfeveliffez point dans les villes* ; & fi les anciens expofoient à la vénération publique les os des Guerriers , ce n'étoit que pour élever le courage des jeunes Héros.

(4) *Page* 7. Il eft impoffible de mieux exprimer le génie agricole fur un monument , qu'on ne l'a fait dans l'arc de triomphe qui fut élevé à Befançon , & que quelques - uns attribuent à l'Empereur Aurelien. Ce monument, qu'on trouve dans les œuvres de Chifflet , eft tout fymbolique , & demanderoit une differtation féparée.

(5) *Page* 8. La Cour du Louvre , la Fontaine des Innocens , l'Hôtel de Carnavalet , ainfi que d'autres monumens, offrent des exemples de cette Architeéture ; la Porte Saint-Antoine qu'on vient de démolir , étoit dans le même

genre; ce qui fut conſtruit du temps de François premier, eſt digne d'admiration, de l'avis de l'illuſtre Perrault ; il obſerve que des Artiſtes François furent appelés à Rome, tandis que Louis de Foix conſtruiſoit l'Eſcurial, qu'on attribue mal-à-propos à des Italiens.

(6) *Page* 8. Les monumens publics, ce qui conſtitue l'embéliſſement d'une ville, contribuent plus qu'on ne penſe à faire aimer le ſol ſur lequel ſont conſtruits ces édifices. Cet objet peut non-ſeulement augmenter l'amour de la patrie, mais encore attirer les étrangers qui, jaloux des productions recommandables, font refluer l'eſtime qu'il portent aux Artiſtes ſur la Nation entière. Le commerce ſe reſſent à ſon tour du concours des étrangers, & le principe le plus ſimple influe ſur le phyſique du Gouvernement.

(7) *Page* 9. Hermolao, Barbaro, & quelques autres, accréditèrent cet ouvrage parmi les Artiſtes. Il étoit défendu ſans doute alors de faire des remarques; car ſuivant cet ouvrage, les Arts & les Sciences ſeroient nés dans un pays froid. Voici ce que dit l'Auteur à cet égard : « Les » vents ayant mis le feu à une forêt par la ſecouſſe des feuilles, » les hommes attirés par la chaleur y coururent en foule, » & ſe parlèrent pour la première fois ». C'eſt de cette entrevue ſingulière que Vitruve fait naître les apperçus de l'antiquité : il ne cite pas quels ſont les mots que proférèrent ces hommes frileux ; ces mots auroient été mis vraiſemblablemen à la tête de la grammaire.

Pocoke ſe recrie contre Vitruve concernant l'île de Schio dont les eaux, ſuivant ce dernier Ecrivain, faiſoient perdre l'eſprit. Cette fontaine n'a jamais exiſté, dit Pocoke, page 340, t. 4, 6 vol. *in*-12, à moins que ce ne ſoit celle qui eſt dans l'île de Leſbos. Ce dernier oublie à ſon tour, qu'il peut y avoir des fontaines dans pluſieurs autres Iſles de l'Archipel, ſans que leur eau faſſe tourner l'eſprit. Au reſte on pourroit conduire les malades à ce caveau qu'on lui montra au vieux Caire, où les fous, au bout de trois jours, reprenoient leur bon ſens, ainſi qu'il le met en fait, page 78, t. 1. Il ne dit pas s'il alla s'y guérir, lorſque de ſon aveu il lui prit dans la Paleſtine des vertiges qui durèrent trois ſemaines, ainſi qu'il le confeſſe page 109, t. 3.

(8) *Page* 10. M. de Chambrai dit que tous les Architectes veulent composer des ordres , & pensent que copier est apprentissage. Il les appelle pauvres gens , petits génies rampans autour d'une minutie & d'une petite moulure. Perrault observe qu'on flotte dans l'incertitude depuis près de deux mille ans entre $2\frac{1}{2}$ parties , & 17 sur le seul chapiteau Dorique. En un mot, on n'est pas encore d'accord s'il faut incliner d'un douzième , ou construire véritablement les parties d'un entablement ; on s'accorde encore moins sur ce qui concerne les parties élevées ; l'un en veut diminuer les proportions , & l'autre veut les augmenter.

(9) *Page* 10. C'est un ordre François que cherchoient nos Artistes, lorsqu'ils en proposoient un sixième. Plusieurs y placoient des fleurs de lys, comme on imagine bien : mais personne ne s'étoit avisé de chercher comme nous un monument qui appartînt en quelque sorte à la Nation ; non le crayon à la main , mais en fouillant avec la pioche , imaginant que sur les côtes de la Méditerranée où nous conduisions les travaux des fortifications, on pourroit découvrir quelques autels votifs ou espèces de colonnes sur lesquelles les anciens brûloient des aromates & offroient des sacrifices , soit en abordant ou quittant le rivage , soit enfin à quelque époque jubilaire. Les anciens avoient coutume d'enterrer , après les cérémonies , ces autels à une certaine profondeur. Les Phéniciens & même des Peuples plus éloignés ont abordé cette contrée ; Aigues-mortes étoit même un port fameux. Mon père s'occupa de la même recherche concernant ces monumens, en faisant l'inspection générale des fortifications du Languedoc, & notamment des ouvrages sur la côte.

(10) *Page* 11. « La barbarie des siècles derniers, dit
» Perrault, fit la guerre aux Sciences, & n'épargna que
» la Théologie. Le peu qui resta de littérature se refugia
» dans le cloître,& le bon sens qui fut obligé de l'aller chercher
» là , avec des sentimens captivés & soumis aux anciennes
» décisions, ayant perdu l'habitude d'user de la liberté dont il
» avoit besoin, imita dans les Arts ce que faisoient les Savans prétendus , qui, contens d'avoir trouvé le vrai sens
» du texte d'Aristote, oublioient la vérité de la chose du même
» texte..... C'est avec cet esprit de soumission dans la ma-

» nière de traiter les Sciences & les Arts, dont on n'eſt pas
» entièrement défabuſé qu'on nous a donné tant de traités
» d'Architecture, Peinture, Sculpture, &c. où toutes les idées
» ſemblent ſubordonnées ». Voyez ſa préface ſur les cinq
ordres de colonnes.

(11) *Page* 12. Dans le temps qu'on rendoit à Bernin les
honneurs triomphaux par les intrigues d'une ſecte qui vouloit plaire à l'Italie , Perrault étoit inſulté par Boileau &
pluſieurs autres ; ce fut Perrault qui fut chargé de porter
ſoixante-dix mille liv. à Bernin, & un brevet de penſion de douze
mille francs ; on diroit qu'un ſiècle peut dans certains cas ſe
moquer de celui qui l'a précédé.

(12) *Page* 13. Baufrand élève les profils de Manſard juſqu'aux nues. Il n'eſt queſtion que de profils dans les œuvres
de Jean-François Blondel , ainſi que des autres Ecrivains.
Delorme veut dans ſes ouvrages prendre les moulures d'une
corniche ſur les traits d'un viſage, tandis que pluſieurs autres ont
prétendu que les profils ou les moulures avoient des rapports avec les lettres de l'alphabet. C'eſt dans l'Architecture de M. Patte qu'on trouve que les monumens de la
Grèce n'offrent pas un ſeul profil qui ſoit paſſable.

(13) *Page* 15. Pour faire des ſorties & intercaller les livres
des Arts dans les pages qui leur conviennent, il ne falloit
que ce paſſage attribué à Saint Grégoire de Tours, que
Dieu apparut à un Prêtre de Narbonne, pour ſe plaindre
qu'il étoit nud dans une image. Alors à propos de niches ,
de plafonds , de peintures , de ſculptures , &c. ils commencent
un ſermon ; cependant leur donnée doit être encore plus
étendue, car Boismare, à l'article *Rocher* , trouve Sainte
Madelaine dans ſon dictionnaire d'Hiſtoire naturelle ; & à
propos de *Brochet* , parle de l'Ecriture Sainte , tandis qu'un
autre à propos de vin mouſſeux , ſaute d'un coup à la ſemaine
de la Paſſion.

On a fait des préfaces au traité d'Euclide , qui commencent par Jéſus - Chriſt. La perſpective du Père Lami offre
une croix en forme de Théorème ; & l'on y voit de quelle
façon les Artiſtes doivent habiller Saint Jean-Baptiſte. Le
Camus , dans ſon traité de Mathématique , a trouvé place
pour des vers adreſſés à la Sainte Vierge.

(14) *Page* 16. Voyez la vie des Architectes, traduite de l'Italien, page 116, tome 1, 2 vol. *in*-12, Paris 1771. « Ce » fait, dit l'Ecrivain, est rapporté par un si grand nombre » d'Historiens dignes de foi, qu'on a lieu d'être surpris que » les Ecrivains modernes n'osent point en faire mention.

(15) *Page* 18. « Sesostris, dit-il, menant son armée, s'il » rencontroit des Peuples qui valeureusement lui résistassent, » les honoroit de colonnes qu'il faisoit ériger à leur mé- » moire, & leur mettoit dessus des titres magnifiques ; mais » à ceux-là qui lui cédoient sans mettre main aux armes, » il leur faisoit ez monumens de pierre bailler, pour en- » seignes les parties honteuses des femmes ». Voyez l'Ar- chitecture ou Art de bien bâtir du Seigneur Léon-Baptiste Albert, Gentilhomme Florentin, Paris 1553, *folio* 154. Il nous dit également que les Romains firent l'Architecture sur les dimensions du cheval, que dans l'Isle de Méroé les hommes vivoient autant qu'il leur plaisoit, que les Espa- gnols demandèrent du secours contre les conils & les mulots qui gratoient tout ; que les Scythes mangeoient dans les festins leurs parens tous salés, & prend ensuite Dieu à témoin comme il nous a bien instruit sur l'Art de bâtir. Cet Albert ou Alberti étoit Architecte & Chanoine de Florence.

(16) *Page* 19. Alberti dit qu'un Architecte ne se passera pas plus de Mathématique qu'un Poëte de syllabes ; *folio* 199.

(17) *Page* 20. Le nom d'Architecte dérive du Grec, *Ar- chos* & *Tecton* qui signifient celui qui commande l'œuvre ou l'Artiste par excellence.

La plupart de ceux qui ont écrit d'après Vitruve, ont bafoué dans leurs écrits les Architectes ignorans. Delorme entr'autres, après nombre de discours, pour les faire rougir de leur incapacité & de leur impudence, a inséré une planche dans son traité d'Architecture, *folio* 329, où ils sont repré- sentés sans nez, sans yeux & sans oreilles. Ils n'ont pas même de mains pour exprimer qu'ils ne dessinent jamais ; & sont désignés cheminant à l'aventure, ayant à leurs pieds des têtes d'ânes. Voyez de cet Auteur les *folios* 10, 19, 21, 22, 23, 65, 81, 86, 214, 309 & 331. Il faudroit citer tous les livres qui traitent de cet Art, & presque

toutes les pages , fi l'on vouloit indiquer les juftes reproches qui ont été faits à ceux qui fe prétendent Architectes.

(18) *Page* 20. Vitruve cite une loi d'Ephéfe qui faifoit
payer par l'Architecte le furplus d'un édifice lorfqu'il l'avoit
mal apprécié , ou qui lui octroyoit une récompenfe dans le
cas contraire.

(19) *Page* 21. L'origine de ces charges eft fingulière.
Comme les Architectes de tout temps avoient défendu &
fortifié les villes, on n'avoit laiffé pour les bâtimens de nos Rois
qu'un Maçon & un Charpentier. Ceux-ci étoient appelés par
les particuliers pour examiner les malfaçons & la qualité des
matériaux employés par les différens ouvriers. Cet arbitrage devint par fucceffion une efpèce de droit acquis. La multiplicité
des conftructions néceffita cependant en 1574 de choifir ,
à l'inftar des jurés Mouleurs de bois & de charbons, neuf
jurés ou fyndics tirés de la communauté des Charpentiers , &
quinze de celle des Maçons, pour vifiter les ouvrages des
autres Maîtres, & en faire leur rapport aux repréfentans de
ces mêmes Maçons & Charpentiers du Roi , à qui la police
des bâtimens étoit demeurée ; comme tous ces jurés ou
fyndics ne favoient pas écrire, on leur donna quatre clercs
qu'on nomma clercs de l'écritoire, afin de les fuivre dans
leurs vifites.

En 1622 , il fut permis à tous Maçons & Charpentiers
de faire les mêmes fonctions; mais les jurés s'en étant plaints,
fous prétexte qu'ils avoient payé une finance, on leur affocia
pour lors dix-fept Maçons, onze Charpentiers & cinq clercs.
Louis XIV, en 1690 , porta le nombre des jurés à cinquante
& celui des clercs de l'écritoire à vingt. Ces clercs ont pris
depuis le titre de Greffiers des bâtimens , & les jurés ou
fyndics celui d'Architectes jurés-experts. Il y a cependant
quelques habiles gens dans ce corps.

(20) *Page* 21. J'ai vu des Maçons qui , pour mieux gagner
la confiance de celui qui fe propofoit de faire bâtir , lui
envoyoit tous les matins, de leurs campagnes, des fruits &
des œufs frais. Voyez Fremin, Tréforier de France, qui a
écrit fur les pratiques des Maçons & des autres ouvriers.

(21) *Page* 22. Dans le nombre de recherches, ou plutôt d'apprentissages simulés que nous avons eu la constance de faire chez les ouvriers de divers genres relatifs au bâtiment , soit pour connoître leur manutention ou leurs rubriques particulières, nous avons suivi ce toiseur en question dix mois consécutifs. Nous avons pris jusqu'à des copies des toisés qu'il a fait de plusieurs édifices, pour nous rendre compte de tout ce qui pouvoit être déboursé , & de tout ce qui pouvoit être profit. Nous voulions connoître également comment les toiseurs & les experts opéroient dans les partages des terreins en litige , sans le secours des règles Mathématiques ; & nous n'hésitons pas de dire que la barbarie règne dans presque tous ces objets.

(22) *Page* 22. La coutume de Paris ne parle du toisé qu'à l'art. 219. Elle dit que six toises de tel ouvrage seront payées à raison d'une toise de gros mur, & n'explique pas quel est ce mur qui pourroit être construit de mille manières, soit par son épaisseur , soit par la qualité des objets qu'on y employeroit ; de sorte qu'on a suivi depuis une routine appelée usage , & qui change, comme le dit Desgodets , à la pluralité des voix. Cet Architecte , ainsi que bien d'autres, desiroit que la coutume fût rectifiée. Il observe que sur trois manières de toiser les ouvrages de maçonnerie, l'usage en a introduit deux autres. Il faudroit donc que celui qui fait bâtir connût parfaitement celle des cinq qui lui sera la moins onéreuse.

(23) *Page* 23. Les maisons mal construites que font les différens ouvriers pour les revendre , ne sont point examinées comme elles devroient l'être. La police des bâtimens demeurée aux représentans de ces Maçons du Roi, dont nous avons parlé dans la note 19 , n'auroit dû être sans cesse exercée que par des gens versés dans l'Art de bâtir, suivant l'intention du Prince. Ces charges , auxquelles on a donné le titre pompeux de Maîtres Généraux des bâtimens du Roi, ponts & chaussées de France, étant tombées plusieurs fois aux parties casuelles, en ont été levées par les premiers venus. On a vu des Procureurs , des Clercs & jusqu'à des Commis de Maîtres-Maçons, devenir les juges

des bonnes ou mauvaifes conftructions de la Capitale. Nous
parlerons en tems & lieu des facrifices que fit un Artifte
connu pour fe rendre utile à fes Concitoyens, relativement
à l'une de ces charges. Son zele & fon activité euffent fait
difparoître tous les abus dans l'art de bâtir.

www.ingramcontent.com/pod-product-compliance
Lightning Source LLC
Chambersburg PA
CBHW071949090426
42740CB00011B/1875